UNA HISTORIA DE LA MUJER, a mi manera

Saga: Reflexiones sobre la Historia, a mi manera

JOSÉ ANTONIO TORREALDAY LLONA

UNA HISTORIA DE LA MUJER, a mi manera

Saga: Reflexiones sobre la Historia, a mi manera

Primera Edición: 2025

Este ensayo está escrito para mis nietos: Alain, Ainara, Naia, Malen e Ibai

Espero que estas reflexiones les sirvan para comprender que la lucha por la igualdad de mujeres y hombres nunca terminará, porque siempre habrá hombres que querrán aplicar su tendencia de dominación sobre la mujer y muchos más que se dejarán convencer por ignorancia y egoísmo.

Un abrazo para todos desde allí donde ahora me encuentre

UNA HISTORIA DE LA MUJER, a mi manera

1.- La Naturaleza Humana

2.- Diferencias entre mujeres y hombres
    A.- Diferencias sexuales
    B.- Diferencias biológicas entre hombres y mujeres
    C.- Diferencias psicológicas
    D.- Diferencias hormonales y cerebrales
    E.- Comprender las diferencias entre hombres y mujeres
    F.- La mujer y el hombre según Louam Brizendine
    G.- La mujer y el hombre según Melvin J. Konner

3.- La mujer en la historia
    3.1.- La mujer en la Prehistoria
    3.2.- La mujer en la antigüedad
        3.2.1.- La mujer en Egipto
        3.2.2.- La mujer en Mesopotamia
        3.2.3.- La mujer en la antigua Grecia
        3.2.4.- La mujer en la antigua Roma
    3.3.- La mujer en la cultura occidental
        3.3.1.- La mujer en la Edad Media
        3.3.2.- La mujer en la Edad moderna
        3.3.3.- La mujer en el siglo XIX
        3.3.4.- la mujer en el siglo XX
    3.4.- La mujer en la cultura musulmana
    3.5.- La mujer en la cultura china

UNA HISTORIA DE LA MUJER, a mi manera

1.- LA NATURALEZA HUMANA

Como podemos comprobar en la Historia de la humanidad la ambición, el odio, la crueldad, la envidia, el rencor, la agresividad, el ansia de poder y la violencia entre los seres humanos y entre los distintos pueblos han sido una constante en nuestra especie, el HOMO SAPIENS.

¿Por qué?

La respuesta de todos los grandes pensadores y filósofos oscila entre dos extremos: Por un lado, San Agustín, Rousseau y los naturistas consideran que el ser humano por naturaleza es bueno y empático y que es la sociedad la que lo transforma y lo pervierte y que, por tanto, el comportamiento humano violento es un hábito adquirido por medio de la observación y la imitación. De una forma absolutamente divergente, el criterio de Hobbes, Maquiavelo y Nietzsche, entre otros muchos, es que el ser humano es agresivo y egoísta por naturaleza y que la violencia es algo inherente al género humano.

Mi curiosidad me ha llevado a indagar, indagar e indagar el pensamiento y los criterios de muchos cientos de escritores en la búsqueda de nuevas respuestas que me ayudaran a conocer mejor nuestra propia forma de ser y nuestras, muchas veces, crueles actitudes ante los demás seres humanos y ante la propia naturaleza, a la que llevamos maltratando miles de años y cada vez con más violencia.

Creo que el ser humano ni es bueno ni es malo por naturaleza, pero si es el fruto de su propia evolución natural como ser vivo en la tierra desde hace nada menos que 6 millones de años. Mi reflexión sobre la esencia del ser humano pasa por el reconocimiento de que todos somos iguales y libres y de que cada uno desarrolla su pensamiento, sus capacidades y sus tendencias innatas en función de las circunstancias que le tocan vivir y de la cultura recibida.

Mi conclusión es que el ser humano está sujeto a tres leyes, las dos primeras en común con todos los seres vivos de la tierra y la tercera propia y exclusiva de su naturaleza humana:

Primera: Ley de la Supervivencia
Segunda: Ley de la Fuerza
Tercera: Ley de la Insatisfacción Permanente

Las Leyes de la Supervivencia y de la Fuerza son las leyes de la naturaleza del Homo Sapiens que se corresponden a los instintos animales irracionales del propio Homo Sapiens. Nosotros, como cualquier especie animal o vegetal de la tierra, nos hemos adaptado, hemos evolucionado y hemos aplicado ambas leyes de la naturaleza para conseguir estar donde estamos; hemos actuado siempre dentro de las normas de juego de la naturaleza y lo hemos hecho tan bien que nos hemos convertido en la especie dominante del planeta, aunque no debemos cometer el estúpido error de considerarnos los reyes de la naturaleza, porque no es así.

La naturaleza seguirá existiendo, aunque nosotros, como Homo Sapiens, nos creamos capaces de destruirla, ya que en el supuesto caso de una destrucción masiva de la naturaleza y del propio Homo Sapiens, simplemente aparecerán otras especies que nos sustituirán y la naturaleza se regenerará. Todos los animales y plantas están sujetos a estas dos leyes de la naturaleza, todos luchan por su supervivencia y para ello necesitan el egoísmo primigenio y el uso de la fuerza.

A mis recién cumplidos 80 años he de reconocer que me he encontrado a lo largo de mi vida con todo tipo de personas que podría catalogarlas en varios arquetipos, pero que demasiadas de entre ellas (quizás un 10%) han resultado tóxicas bajo distintas máscaras. Es triste reconocer que me he encontrado con:

- Personas desleales entre aquellas en las que deposité mayor confianza y que, en su mayoría, contraté por hacer un favor.
- Personas psicópatas que supieron esperar el momento de mi mayor debilidad para hacer el máximo daño.
- Personas cercanas con el odio, la envidia o el resentimiento como criterios preferentes.
- Y con personas mezquinas. siempre dispuestas al daño si con ello podían sacar algún provecho.

Estas "virtudes del Homo Sapiens" nunca las hemos encontrado en los demás seres vivos, sean animales irracionales y/o vegetales. Los vegetales a veces se matan unos a otros por la simple ley de la supervivencia, pero nunca por otra razón. Entre los animales irracionales sucede lo mismo y solamente en casos extremos y excepcionales de lobos o perros asilvestrados nos encontramos con actos de "matanzas gratuitas" de ovejas u otros animales, sin que con ello pudieran dichos animales sacar provecho alguno.

El Homo Sapiens es un animal diferente: es capaz de hacer el mal por el mal, sin necesidad incluso de obtener de ello provecho alguno. El homo Sapiens puede dañar a otro Homo Sapiens por envidia, por odio, por resentimiento, por celos, por una simple sospecha, por vanidad, por ambición y/o por mil razones de distinta índole.

Un cocodrilo no es nunca cruel con su víctima, ni el león que ataca a un antílope, ni el lobo que mata a una oveja, ya que simplemente buscan alimento y matan de la forma más rápida y eficaz posible. El ser humano no actúa de la misma forma: puede torturar a otra persona y mantenerla viva durante horas o días solo por placer o por obtener un mínimo beneficio, es decir, tiene capacidad para ser cruel y hacer daño gratuitamente sin necesidad siquiera de tener una razón lógica.

Decididamente, comparar al ser humano con los animales irracionales es una clara afrenta para estos últimos. Cuando creemos insultar a otra persona llamándola "animal" nos estamos equivocando porque ese sustantivo es, según mi criterio, más una alabanza o un cumplido que una ofensa o agravio. Los animales irracionales son incapaces de ser crueles o de odiar como los humanos racionales.

Pero también hemos de reconocer que existen personas humanas formidables, que llenan muchos momentos de la vida de otras personas de felicidad y de sentido, que son capaces de aportar amor, amistad, cariño y vivencias extraordinarias. Debemos agradecer a esas personas capaces de ser apoyo y sostén, sobre todo en los momentos de debilidad y sufrimiento que todos tenemos y que nos ayudan a volver a creer en la humanidad de los seres humanos. Y hemos de reconocer que las mujeres nos ganan por goleada a los hombres en estas labores.

Es por estas personas por las que me he animado a escribir, porque ellas lo merecen y porque su existencia me hace considerar al Homo Sapiens, a pesar de nuestra historia pasada y de la actual situación del mundo, como capaz de evolucionar hasta llegar a confiar en que nuestra UTOPÍA de una convivencia mucho mejor es posible.

Hemos de partir de esta frase maravillosa:

"Haz por los demás lo que quisieras que ellos hicieran por ti"
(atribuido a Confucio)

2.- DIFERENCIAS ENTRE MUJERES Y HOMBRES

Somos uno porque procedemos de la misma madre común, pero nuestra naturaleza humana está formada por dos sexos, el masculino y el femenino y nuestra ya larga historia de quizás seis millones de años y la aplicación de las Tres Leyes de la Naturaleza Humana expuestas y de las culturas generadas por nuestra convivencia, han originado unas diferencias entre ambos sexos.

A.- Diferencias sexuales

La especie humana se <u>reproduce sexualmente</u>, es decir, que los individuos nacen dotados de un sexo biológico bien diferenciado, expresado en sus rasgos físicos y genitales, así como en el desarrollo planificado en su <u>ADN</u>. Tradicionalmente se ha conocido como hombres a los <u>seres humanos</u> del sexo masculino, es decir, aquellos dotados de órganos sexuales diseñados para la inseminación (un pene y unos testículos), y se ha conocido como mujeres a los seres humanos del sexo femenino, es decir, aquellos dotados de órganos sexuales diseñados para la gestación (una vagina, un útero y unos ovarios).

El primer nivel de diferenciación entre hombres y mujeres es el que los distingue por su sexo, es decir, por su configuración biológica de cara a la <u>reproducción</u>. Es importante señalar que esta diferenciación solo se refiere a cuestiones biológicas y no a la <u>identidad de género</u>.

Tal como nos lo expone la psicopedagoga María Inés Gómez en un amplio informe, los hombres se encargan de inseminar, es decir, de introducir en la matriz femenina sus células reproductivas, mientras que las mujeres se ocupan de recibirlas, para que se junten con las propias y luego albergan en su cuerpo al individuo nuevo fruto de la procreación, durante los nueve meses que dura el embarazo. Para ello, cada uno de sus cuerpos están adaptados genital y fisiológicamente, del siguiente modo:

A.1.- Los hombres poseen un pene eréctil que puede introducirse en la vagina y unos testículos que producen una sustancia (semen) cargado de células reproductivas. También poseen una próstata, órgano encargado de la producción de las sustancias reproductivas. Las mujeres poseen una vagina que permite el ingreso del pene erecto hacia su útero, en donde se juntan las células reproductivas provenientes de los ovarios para generar un individuo nuevo. Además, poseen un par de mamas, que sirven para alimentar a los hijos.

A.2.- Las células reproductivas masculinas son los espermatozoides, dotados de movilidad propia y portadores de la mitad de su carga genética, caracterizada a nivel sexual por los cromosomas XY. Las células reproductivas femeninas son los óvulos inmóviles y de mayor tamaño, portadoras de la mitad de su carga genética, caracterizada a nivel sexual por los cromosomas XX.

A.3.- Las funciones reproductivas masculinas están controladas por las hormonas masculinas, particularmente la testosterona. Las funciones reproductivas femeninas están controladas por las hormonas femeninas, principalmente los estrógenos y la progesterona.

A.4.- Los hombres producen sus células sexuales continuamente. Las mujeres nacen con la cantidad de óvulos que tendrán toda la vida, pero los van madurando a razón de uno por mes.

A.5.- La función reproductiva masculina termina al finalizar el coito, tras la eyaculación. La función reproductiva femenina se prolonga más allá del coito, durante los nueve meses en que se gesta el nuevo individuo dentro del útero. Esto trae consigo cambios significativos en su cuerpo y su fisiología, y culmina con el parto, cuando se expulsa al individuo hacia el mundo para que inicie su vida fisiológica independiente.

A.6.- Los hombres son incapaces de producir leche. En el caso de las mujeres, una vez producido el embarazo, sus mamas desarrollan leche materna para alimentar al recién nacido durante los primeros años de su vida.

B.- Diferencias biológicas entre hombres y mujeres

A excepción de lo que se refiere a la reproducción, a grandes rasgos hombres y mujeres tienen los mismos órganos y la misma distribución de ellos en el cuerpo. Existen rasgos de otro tipo que distinguen a los hombres de las mujeres, y que tienen que ver con el funcionamiento y la configuración de sus cuerpos. Dichas diferencias biológicas son generalizaciones y pueden no regir en todos los individuos y podemos resumirlos así:

B.1.- Los hombres poseen cuerpos más grandes y pesados, fibrosos y musculosos, capaces generalmente de una mayor cuota de esfuerzo físico y atlético, pero también más propensos al desgaste. Las mujeres poseen cuerpos más pequeños y ligeros, aunque con importantes depósitos lípidos, diseñados para una mayor durabilidad y resistencia a largo plazo.

B.2.- Los hombres poseen mayor cantidad de vello corporal y facial y una voz más grave. Las mujeres poseen menor cantidad de vello corporal y facial y una voz más aguda.

B.3.- Los genitales masculinos son externos, perceptibles a simple vista y los femeninos son internos, no apreciables a simple vista más allá de su vulva.

14

B.4.- Los hombres tienden a conservar una temperatura corporal más homogénea y son menos sensibles al frío y las mujeres tienden a padecer el frío con más facilidad.

B.5.- Es un hito en la maduración sexual masculina el inicio de la eyaculación, incluso en episodios involuntarios (poluciones nocturnas) y si bien su capacidad reproductiva disminuye con los años, nunca pierden del todo su capacidad de fecundación. Es un hito en la maduración sexual femenina el inicio del sangrado menstrual, ciclo que durará toda su vida reproductiva, hasta que se interrumpa con la menopausia (y la pérdida de fecundidad).

B.6.- Los hombres poseen una mayor agudeza del sentido visual, pero menor capacidad de procesamiento de estímulos simultáneos y menor percepción de los colores. Las mujeres poseen menor agudeza visual, pero mayor manejo de los colores y un mejor agarre de los matices. Además, son capaces de procesar múltiples estímulos simultáneos de mejor manera.

B.7.- Los hombres poseen cerebros más grandes, compuestos por más materia blanca que gris, un córtex delgado, una amígdala más grande y un hipocampo más pequeño y las mujeres poseen cerebros más densos, compuestos por más materia gris que blanca, córtex más grueso, amígdala más pequeña y un hipocampo más grande.

B.8.- Los hombres poseen una menor expectativa de vida que las mujeres.

C.- Diferencias psicológicas

Más allá de las diferencias biológicas y sexuales, a nivel psicológico existen similitudes en niveles de inteligencia, sociabilidad, actitud y moralidad. El cerebro humano se modifica según las experiencias, por lo que las personas pueden aprender y desarrollar cualquier habilidad. Existen aún estereotipos (imágenes o ideas comúnmente aceptadas por un grupo o sociedad con carácter inmutable) de género, que son generalizaciones sobre cómo son o cómo actúan los hombres y las mujeres. Es importante reconocerlos, porque representan limitaciones y generan desigualdad.

El neurocientífico David Eagleman dice en su libro "Incógnito", que según las estadísticas de EEUU la probabilidad de cometer un delito violento aumenta un 882% cuando eres varón y una agresión sexual es cometida por 442 hombres por cada 10 mujeres. Kelvin Konner, catedrático de Antropología, Neurología y Biología y doctor en Medicina de Harvard Medical School, nos asegura que los hombres en todos los países y culturas cometen el 90% de la violencia y el 95% de las agresiones sexuales. Con estos datos se demuestra que la violencia sexista no es un problema de las mujeres, sino que es un problema de los varones y que solo terminará cuando los hombres decidan de una vez por todas reconocerlo y enfrentarse a ello con las medidas legales necesarias.

El psiquiatra e investigador Luís Rojas Marcos nos dice que entre los hombres y las mujeres hay diferencias:

"1.- Los hombres: Las conquistas materiales o los éxitos en situaciones de riesgo o competitividad suelen jugar un papel más trascendental en la dicha del varón. Los hombres son más proclives al alcoholismo, a las actitudes antisociales, a los comportamientos violentos y al suicidio. Para los hombres de hoy ser altos es importante.

2.- Las mujeres: La calidad de las relaciones íntimas y el ambiente familiar parecen influir más a menudo en la felicidad de la mujer. El sexo femenino es más propenso a sufrir ansiedad y depresión. Para las mujeres cuenta más un cuerpo delgado y bello."

16

Pat Conroy en su obra "El príncipe de las mareas" nos dice: "He tratado de entender a las mujeres y esta obsesión me ha hecho sentirme irritado y ridículo. El abismo es demasiado vasto, oceánico, traicionero. Existe entre uno y otro sexo una cordillera carente de una raza de sherpas capaz de desvelar los enigmas de las mortíferas pendientes que nos separan."

Somos diferentes, pero habría que valorar qué porcentaje de estas diferencias se deben a esa exclusión forzada de la mujer de la vida social y política llevada a cabo por el macho durante toda la historia, obligándola a aceptar un estatus social predeterminado de reproductora.

Y estamos en un momento histórico en el que en 100 años han evolucionado las mujeres mucho más que en los últimos 500.000 años y que ello es una mínima proporción sobre lo que les queda por cambiar y por asumir en los próximos 50 años.

Algunos estereotipos son:

C.1.- Los hombres tienden a ser más agresivos y competitivos con una mayor capacidad de enfoque y concentración y las mujeres tienden a ser más empáticas y comprensivas, con mayor y más complejo rango emocional y una mayor capacidad para ser multifuncionales.

C.2.- Los hombres tienden a una lívido más activa, o sea, a un deseo sexual más continuo e intenso y las mujeres tienden a una lívido más balanceada

C.3.- Los hombres son más propensos a la frustración, la violencia, la acción y la depresión y las mujeres son menos propensas.

C.4.- Los hombres tienden a ser más aptos para el razonamiento lógico y abstracto y a presentar menores valores de empatía e inteligencia emocional, mientras que las mujeres tienden a ser más aptas para el razonamiento verbal y estético, así como para la comunicación y a presentar mayores valores de empatía y de angustia personal.

D.- Diferencias hormonales y cerebrales

Las mujeres son diferentes a los hombres y, en general, son menos fuertes físicamente, pero no menos capacitadas cerebralmente, aunque haya ligeras diferencias por la evolución de millones de años. Las diferencias sociales y políticas entre hombres y mujeres se relacionan con factores culturales. El machismo es una postura que adjudica privilegios al hombre y, por consiguiente, somete a la mujer. Los estudios de género concluyen que la subordinación femenina es de origen social y no biológico.

Con el surgimiento del feminismo como movimiento que denuncia la discriminación hacia la mujer, se han logrado numerosos avances hacia la igualdad de oportunidades, como el derecho a votar, a estudiar, a trabajar fuera del hogar con una remuneración acorde a la función, etc., pero continúan existiendo desigualdades sociales y políticas a nivel mundial como la brecha salarial, roles subordinados, etc.

Somos diferentes, pero no tanto. Lo malo es que durante toda la historia los hombres hemos llevado a cabo enormes esfuerzos para controlar las mentes femeninas, para encerrarlas en un ámbito muy reducido de desarrollo mental, para apartarlas como un estorbo y así dominarlas. Aunque he de reconocer, y de ello me alegro, que no lo hemos conseguido. Y estoy plenamente de acuerdo con Carlos Fuentes cuando nos dicen su obra "La silla del águila": "Todo hombre teme a una mujer capaz de pensar y actuar por sí misma. Todo hombre teme a una mujer fuerte y capaz de defenderse."

Las capacidades cerebrales de las mujeres son, pues, similares a las del hombre, aunque no iguales, pero este último siempre ha procurado mantenerla en la minoría de edad, apartarla de aquellos actos que exigieran el uso de la inteligencia siempre abusando de las Tres Leyes de la Naturaleza Humana.

La arqueóloga Margarita Sánchez Romero nos habla así de las diferencias y desigualdades entre sexos en una entrevista de César Coca: "Las diferencias entre sexos son biológicas, pero las desigualdades son construidas. Para las mujeres la violencia es una opción peor por su propia biología y, por ello, socializamos de una forma diferente, usando más la persuasión. No somos más pacíficas, hemos sido socializadas de otra manera, pero cuando una mujer necesita ser violenta, lo es".

Según la historiadora Michelle Perrot la dominación masculina ha sido la norma. Pero eso no quiere decir que las mujeres hayan sido siempre víctimas. Muchas se sintieron cómodas en este sistema con la división de papeles masculinos y femeninos. Es la especie con mayor dominación masculina, incluso más que en los orangutanes. Pero esto lo tenemos que cambiar entre todos, mujeres y hombres.

E.- Comprender las diferencias entre hombres y mujeres para comunicarnos mejor

Ni los mejores especialistas mundiales en esta área se ponen de acuerdo, tal como lo podemos comprobar en el presente estudio.

El biólogo evolutivo Randy Thornhill postuló que todos los hombres sienten la pulsión de violar y que las mujeres deben tenerlo en cuenta al decidir cómo vestirse.

Sucede que el sexo "es especial", afirma Melissa Hines, psicóloga experta en neuroendocrinología de la Universidad de Cambridge y autora de "Brain Gender", publicado en 2005 y obra de referencia indiscutida para ambos bandos: "Todo el mundo está interesado en las diferencias entre sexos y tiene prejuicios cognitivos al respecto que, aunque inconscientes, ejercen una influencia poderosa sobre la percepción", dice Hines.

Entre los trabajos más recientes y más discutidos están los de Simon Baron-Cohen, que parte del hecho de que el autismo se da sobre todo en hombres para concluir que, según sus datos, "la mujer típica es de media más empática y el hombre típico, de media, más sistematizador (definiendo esto como "el impulso de analizar o construir un sistema basado en reglas").

El psicólogo y catedrático Baron-Cohen en su libro "La gran diferencia" afirma que las personas "con cerebro femenino son mejores profesores de primaria, enfermeros, cuidadores, terapeutas, trabajadores sociales y asistentes", mientras que aquellas con cerebro masculino son mejores "científicos, ingenieros, mecánicos, banqueros, programadores e incluso abogados". Es otra opinión.

La psicóloga Janet Hyde (University of Wisconsin-Madison), tras una revisión de 46 metaanálisis de estudios sobre diferencias psicológicas entre géneros, concluyó que entre hombres y mujeres hay diferencias nulas o triviales en la gran mayoría de rasgos psicológicos medidos hasta ahora. No solo en desempeño matemático y habilidades verbales, sino también en aspectos de la personalidad como gregarismo, escrupulosidad, agresividad relacional –la que busca dañar las relaciones del agredido y que el estereotipo asocia a una supuesta astucia femenina– o estilos comunicativos –más impositivos o asertivos–

Basándose en estos datos, Hyde postuló en 2005 la teoría de las similitudes de género, que no descarta posibles diferencias, pero defiende que mujeres y hombres "son similares en la mayoría de las variables psicológicas". Estudios posteriores de otros autores han seguido encontrando datos a favor de este modelo.

Sin embargo, los estereotipos perviven, y los expertos los asocian a desigualdades sociales. Muchas más mujeres abandonan la carrera científica cuando son madres. Muchas menos mujeres acceden a puestos de poder (en ciencia y en general). En las universidades españolas el número de mujeres matriculadas en informática o ciencias de la computación sigue bajando: de 30 % en 1985-87, a 12 % en 2016-17.

Daphna Joel, de la Universidad de Tel Aviv, tras un análisis de varias regiones cerebrales, concluye que no existen cerebros masculinos y femeninos sino cerebros "mosaico", mezcla de rasgos anatómicos asociados a cada género. "Los humanos no tenemos cerebros con rasgos "típicamente femeninos" o "típicamente masculinos"", escribía Joel en un reciente artículo con Cordelia Fine en The New York Times.

Conclusión: La brecha entre quienes niegan grandes variaciones cerebrales y quienes, en cambio, las consideran demostradas, sigue hoy día más abierta que nunca, y para muchos la causa está en los profundos prejuicios que lastran el área.

F.- La mujer y el hombre según Louann Brizendine

Louann Brizendine es una científica y neuropsiquiatra estadunidense que explica las principales diferencias conductuales entre hombres y mujeres. Las investigaciones revelan que todo cerebro empieza como cerebro femenino. Se vuelve masculino solamente ocho semanas después de la concepción, cuando el exceso de testosterona (la hormona masculina por excelencia) disminuye el centro de comunicación, reduce el córtex de la audición y hace dos veces y media mayor la parte del cerebro que procesa el sexo.

Sus investigaciones se centran en el estudio del sistema del procesamiento de las emociones del cerebro, que es el sistema de las neuronas espejo. Es una zona que está presente tanto en hombres como en mujeres, pero se ha descubierto que el cerebro femenino tiene más neuronas espejo e incluye un sistema más activo en relación con la empatía emocional. Este sistema, nos avisa y explica cuando los demás están sintiendo una emoción determinada (tristeza, rabia, alegría, miedo o amor). Se concluye que el cerebro femenino tiene un mayor hipocampo, como los circuitos para el lenguaje y la observación de las emociones en los demás. ¿Qué comporta esto? Mayor agilidad, mejor expresión emocional, facilidad para desactivar conflictos: la autoestima de la mujer se basa en su capacidad de establecer relaciones cercanas con el prójimo.

Por lo que concierne el cerebro masculino, tiene dos veces y media más de espacio cerebral dedicado al impulso sexual, igual que los centros cerebrales más desarrollados para la acción y la agresividad. El lenguaje viene utilizado para dar órdenes, tienden más a dar soluciones, centrándose menos en las emociones que están moviendo al otro y su autoestima se basa en la capacidad para mantenerse independiente de los demás. Debido a los cambios hormonales pero el cerebro masculino maduro se asemeja más al cerebro femenino maduro, "ganar y perder" pierde relevancia a favor de la cooperación.

A partir de lo que nosotros hemos observado con nuestros pacientes, vemos que una de las principales dificultades radica en que los hombres esperan a que las mujeres se comuniquen, reaccionen y se comporten como ellos lo hacen y las mujeres de la manera en la que ellas actúan. El problema, es que, según este razonamiento, ambos se olvidan de que hombres y mujeres son diferentes. Como consecuencia, se crean conflictos entre la pareja que podrían evitarse al conocer y respetar las diferencias del otro".

Estas   algunas de las diferencias que más comúnmente se observan. Necesitamos recordar que el objetivo para una óptima comunicación no está en criticar al otro por hacer, pensar o sentir como siente, ni tampoco justificar aquello que haga o diga, sino que el objetivo es generar una comprensión de las diferencias entre hombres y mujeres que aumente la autoestima de ambos, que promueva la confianza mutua, una mayor reciprocidad y más amor y afecto entre la pareja.

G.- La mujer y el hombre según Melvin J. Konner

El doctor en Medicina por Harvard y catedrático de Antropología, Neurología y Biología del Comportamiento de la Universidad de Emory Melvin Konner, pasó dos años en Botsuana donde estudió a los cazadores-recolectores kung san, nos lo expone así::

1.- ¿Son las mujeres biológicamente superiores a los hombres? Las mujeres viven más, pueden crear una nueva vida en sus cuerpos y disponen de dos cromosomas X. Los hombres solo uno. Hay diferencias hormonales y cerebrales que resultan de la diferencia cromosómica.

2.- Hombres, mujeres y violencia: Los hombres en todos los países y culturas cometen el 80% de la violencia y el 95% de las agresiones sexuales.

3.- No hay diferencias en los siguientes aspectos del comportamiento
- Inteligencia general
- Habilidad musical
- Genio en la escritura y la pintura
- Y mucho más

4.- Hombres y mujeres en la historia: Los hombres han predominado abrumadoramente, pero ahora sabemos que esto se debe a que los hombres no les dieron a las mujeres la oportunidad de sobresalir en todas esas cosas.

5.- Mujeres y poder: Incluso en tiempos modernos algunas mujeres se han masculinizado por el poder, pero a medida que las mujeres líderes se vuelven menos raras, creo que tienen la oportunidad de seguir sus propias inclinaciones.

6.- Mujeres, hombres y pandemia: Les fue mejor a los países dirigidos por mujeres y algunos países conducidos por hombres hipermasculinizados, como EEUU (Trump), Reino Unido y Brasil (Bolsonaro) fueron los que peor lo hicieron.

7.- Sobre la supremacía masculina: Estamos al comienzo del fin de la supremacía masculina, que podría llevar décadas, pero creo que estamos en el proceso.

8.- ¿Cuál es el papel de los hombres?: Socios, colaboradores, a veces líderes, a veces seguidores, Aportarán ideas y soluciones que son diferentes de las que las mujeres pueden encontrar, no porque tengan mejores mentes, sino porque hombres y mujeres, por muchas razones, piensan de manera algo diferente.

9.- Chimpancés: Los machos son fuertemente dominantes sobre las hembras, tienen relaciones sexuales rápidas y superficiales y son muy violentos entre sí.

10.- Bonobos: Tienen coaliciones femeninas que prácticamente controlan sus comunidades. Estas se basan, en parte, en el sexo entre hembras y las coaliciones mantienen el control sobre la conflictividad masculina. Los machos tienen una gran vida, tienen mucho sexo lento y pausado con las hembras, a veces cara a cara y el nivel de violencia es muy bajo. Podríamos avanzar hacia una bonobización de la especie humana.

11.- Mujeres ante el futuro: Las mujeres serán mejores protectoras de la tierra, mejores guardianas de la humanidad. Y si, sin desplazarnos ni dominarnos, pueden ayudarnos a crear colaboraciones de hombres y mujeres, que incluso podrían protegernos a los hombres de los peores aspectos de nosotros mismos. Y yo estoy de acuerdo con Konner.

3.- LA MUJER EN LA HISTORIA

La historia la cuentan siempre los vencedores y las mujeres han sido las vencidas en todas las batallas y guerras hasta hace muy poco tiempo. La historia habría que volverla a contar para poder conocer la realidad de los hechos, aunque ello resulta imposible por el sempiterno afán de los hombres en eliminar los personajes de los vencidos y, en especial, los de las mujeres. Hace pocas décadas que tenemos la posibilidad de empezar a descubrir una historia ocultada durante siglos.
.

¿Por qué se ha ocultado a las mujeres y sus obras?

El hombre ha tenido sometida a la mujer durante toda la historia de la humanidad y solamente desde la segunda mitad del siglo XIX ha empezado a cambiar esta situación. Esto nos debe ayudar a comprender y a asombrarnos de los inmensos avances que se han conseguido en la relación hombre & mujer y en la consiguiente superación de la Ley de la Fuerza en los últimos 175 años. La historia debe servir para entender la realidad actual y los caminos que nos faltan por recorrer para llegar a una igualdad absoluta de género.

Como nos lo expone con claridad el antropólogo, biólogo y neurólogo Melvin Konner: "Los hombres han predominado abrumadoramente en toda la historia de la humanidad, pero ahora sabemos que esto se debe a que los hombres no les dieron a las mujeres la oportunidad de sobresalir en todas esas cosas".

Eso nos hace comprender cómo el hombre, genéricamente, ha usado y abusado siempre de esta segunda Ley de la Naturaleza y aún en muchas partes de la tierra sigue sin cambiar un ápice, considerando a la mujer más como una propiedad que como una persona. Pero valoremos el enorme camino recorrido y preparémonos para el camino que nos queda, que no va a ser nada fácil. Hay fuertes movimientos machistas que se han puesto de nuevo en marcha y que debemos identificar y derribar.

La Historia está repleta de mujeres que han dejado su propia huella y que no por menos en número y escaso el conocimiento que de ellas tenemos es menor su importancia. Las mujeres aparecen escasamente en la Historia, en la Literatura, en el Arte y en la Ciencia por un lado, porque han tenido muchos obstáculos para poder desarrollar sus intereses y capacidades y por otro lado, porque, a las que han conseguido hacerlo, no se les ha reconocido y ni siquiera han sido nombradas en los libros o en las enciclopedias.

Esto ha hecho que desconozcamos a muchas que utilizaron su imaginación, su voluntad, sus fuerzas y a veces su vida para contribuir en la construcción de una sociedad más justa para mujeres y hombres. Muchas mujeres, sobre todo las que osaron salirse de la norma, tuvieron que luchar contra la incomprensión de la sociedad de su tiempo, o contra el fascismo o el racismo, o simplemente contra una absurda discriminación basada en el sexo, la clase social o la identidad étnica, es decir, en la Ley del más fuerte. Algunas como Marie Curie con sus dos premios Nobel han pasado a la posteridad, pero muchas otras han caído en el olvido convirtiéndose en las grandes despreciadas de nuestra historia.

Tenemos por delante todo un mundo nuevo por reconstruir y con un tremendo enemigo a abatir: los prejuicios de una gran parte de los hombres que no quieren ver desaparecer los supuestos derechos que creían tener sobre el "sexo débil".

¡Ese es el objetivo! Demostrar que no existe debilidad alguna en el mundo femenino, que está dispuesto a superar cuantas barreras se le presenten para ser igual y tener los mismos derechos del hombre y también sus mismas obligaciones y responsabilidades.

3.1.- LA MUJER EN LA PREHISTORIA

Lo que está demostrado es que la posición del género femenino fue variando sensiblemente desde la época arbórea hasta la época de los agricultores, diferenciándose cada vez más de las demás especies con antepasados comunes como el orangután y el gorila y dependiendo cada vez más del hombre y de la tribu. La mujer se va poco a poco enclaustrando en la cueva y dedicándose al cuidado de los niños y a labores domésticas como la alimentación y la recogida de frutos y plantas comestibles. Su cuerpo va cambiando porque su musculación no es tan necesaria para las labores que realiza, mientras que su pelvis se adapta a la procreación.

La casta dominante de machos se convierte en clase dominante de hombres. Se crean jerarquías de rango para una cooperación impulsada por las necesidades de caza: la elección del terreno, la premeditación del ataque, la sincronización de movimientos, la distribución de piezas, etc. A partir de este momento, los vínculos de la acción colectiva y las reglas de distribución se entremezclan con los lazos de amistad en una densa red de solidaridad "entre los hombres".

Sin embargo, las mujeres siguen siendo una "capa" social en la que la ayuda mutua se halla siempre subordinada a la fidelidad particular y esencial a los hijos y, eventualmente, al macho. Surge así una extraordinaria diferenciación sociológica, que se acrecienta hasta convertirse en una clara diferenciación cultural entre los hombres y las mujeres. Lo masculino y lo femenino desarrollarán cada uno por su lado su propia sociabilidad, su propia cultura, y su propia psicología. Una mujer tierna, sedentaria, rutinaria y pacífica se opondrá al hombre cazador, nómada y explorador.

Nuestras primeras antepasadas aprendieron a preparar barro y hornear cerámica; trabajaron los esmaltes y mezclaron cosméticos origen de la ciencia química. Al encargarse de la agricultura y la recolección, también descubrieron las propiedades medicinales de las plantas y aprendieron a secar, almacenar y mezclar las sustancias vegetales. Las mujeres siempre han sido curanderas, cirujanas y parteras. ¿Por qué esos trabajos no han sido considerados con la misma importancia que los realizados por el varón?

La especialización de las labores masculina y femenina fue mucho mayor que en los primates y ello provocó, a lo largo de millones de años, la separación física progresiva entre ambos sexos para dedicarse cada uno de ellos a funciones designadas por la evolución y cada vez más diferenciadas. Mientras que la caza empujaba a los hombres cada vez más lejos, la maternidad confinaba a las mujeres en las cuevas y los refugios. Las hembras, convertidas en sedentarias, se consagraron a la búsqueda de forraje y a la recolección de frutos.

Como nos lo explica Salvador Pániker en sus obras, "El matrimonio es un invento del Neolítico y tiene que ver con la economía, la crianza de los hijos y la estabilidad social. El amor es otra cosa más estrambótica, peligrosa y transgresiva, imaginaria y real, efímera e intemporal. El amor es colisión y alta energía".

La arqueóloga Marga Sánchez Romero en su libro "Prehistoria de las mujeres" nos lo explica de forma diferente: "Las mujeres en la antigüedad y en la Prehistoria guerreaban, viajaban, cazaban y manejaban las herramientas (tecnología) igual que los hombres. Pero no hay demostración alguna de que haya existido ningún matriarcado en ninguna parte del mundo. Sin embargo, a partir de la segunda mitad del siglo XIX los hombres empezaron a explicar los descubrimientos prehistóricos con la mentalidad machista de ese siglo, llevando nuestros estereotipos a esa época. Es con el avance del movimiento feminista en los años 80 del siglo XX, cuando empieza a hablarse de que muchos aspectos se habían dejado fuera y se hacen preguntas nuevas, que es lo fundamental".

Sin embargo, hubo civilizaciones en las que la mujer tuvo mucho poder y tenemos un ejemplo en la historia, el pueblo celta. Comenzaron a habitar en el centro y el norte de Europa 2.000 años antes de Cristo, extendiéndose entre el 1.500 y el 900 a.C. por las Islas Británicas, norte de Francia, llegando al norte de España en el 800 a.C. Desde el nacimiento ambos sexos eran criados juntos, recibiendo la misma educación, así como el aprendizaje de oficios.

Las mujeres tenían el derecho a elegir a su pareja y nadie podía imponerle un casamiento. Las leyes celtas incluían renovación del contrato matrimonial, al año de haberse casado e igualmente existía el "divorcio" con repartición equitativa de bienes, manteniendo cada uno sus bienes propios y repartiendo los que hubiesen incrementado durante el matrimonio. Durante el matrimonio ella no era propiedad de su marido, eran compañeros en una aventura matrimonial. La esposa permanecía como dueña exclusiva de sus propiedades y las propiedades habidas juntamente o poseídas por ambos no podían ser vendidas o cedidas por el marido, sus derechos sobre los bienes comunes eran iguales y para disponer de ellos era necesario el voluntario consentimiento de ambos.

La mujer en la vieja Irlanda, único lugar del mundo celta que nunca fue visitado por las legiones romanas, mantuvo su independencia hasta el siglo XII, y a los fines prácticos unos tres siglos más, estando casi en un plano de igualdad con el hombre. En particular las mujeres importantes no sólo imponían esta igualdad, sino también en algunos casos su superioridad. La mujer permaneció emancipada y fue a menudo elegida por su profesión, rango y fama.

Durante la Edad de Bronce (1.700 a.C. a 1.100 a.C.):
- Un 50% de los niños no llegaban a los 3 años.
- Había una gran mortalidad entre las parturientas.

-       Un 10% de la población llegaba a los 60 años, con parecida proporción de hombres y mujeres.

-       Todo era igual: el esfuerzo, el trabajo, la alimentación y la gente moría sobre todo por infecciones.

Las diferencias entre sexos son biológicas, pero las desigualdades son construidas".

3.2.- LA MUJER EN LA ANTIGÜEDAD

En la generalidad de las culturas de la antigüedad, la situación social y familiar de la mujer se basaba en dos premisas: la fidelidad al esposo y una fecunda descendencia; una mujer estéril era despreciada y podía ser repudiada por su marido. La mujer infiel podía ser condenada a muerte y en cambio, el adulterio del varón sólo se penalizaba cuando era con una mujer casada y se castigaba con una indemnización por haber hecho uso de una "propiedad" del marido. Las mayores o menores libertades y derechos que gozaban las mujeres en las distintas civilizaciones de la antigüedad estaban siempre supeditadas a la autoridad del hombre, ya fuera el marido, el padre e incluso el hermano.

La arqueóloga Marga Sánchez Romero en su libro "Prehistoria de las mujeres" nos dice. "En la Prehistoria hubo una notable igualdad entre hombres y mujeres. ¿Por qué cambió esta situación?

Paso primero: Pasó que, con la sedentarización y la agricultura, empezamos a producir y a tener excedentes. El problema surge cuando alguien tiene algo más que los demás y eso le da poder y capacidad de decisión. Así empiezan a surgir las desigualdades y, a la vez, el discurso para justificar por qué algunos tienen más. Y, a partir de ese momento, es irreversible. Y eso sucede en grupos humanos y también entre hombres y mujeres.

Paso segundo: Creció la natalidad, con la consecuencia de que las mujeres perdieron capacidad para relacionarse, viajar o conocer la tecnología, algo que fue quedando en manos de los hombres.

El patriarcado fue un poder creado por los hombres y basado en la explotación de las mujeres, de la misma manera que la sociedad esclavista se basaba en la explotación de los esclavos. Para las jerarquías dominantes, civiles o religiosas, el papel subordinado de la mujer no se ha puesto en duda durante siglos: no se podía vulnerar los derechos de alguien que, precisamente por el hecho de ser mujer, "no tenía derechos".

Tenemos como ejemplos de esta subordinación de la mujer en las siguientes frases:

- Génesis (900 a.C.): "Hacia tu marido irá tu apetencia y él te dominará"
- Pitágoras (582-507 a.C.): "Existe un principio bueno que creó el orden, la luz y el hombre y un principio malo que creó el caos, la oscuridad y la mujer".
- Confucio (500 a.C.): "Es ley natural que la mujer esté sometida al marido"

3.2.1.- La mujer en Egipto

En el antiguo Egipto las mujeres tuvieron gran libertad de movimientos. Podían ejercer multitud de oficios, andar libremente por las calles, comprar y vender, recibir herencias y algunas tenían acceso a la educación, aunque las campesinas desarrollaban un trabajo extremadamente duro.

Tenemos ejemplos de mujeres que llegaron a tener gran poder:

- Hatshepsut la faraona, (muerta en 1.458 a.C.) masculinizó su imagen con una barba postiza para hacerla digna de su función. Fue una buena gobernante que aportó prosperidad y estabilidad a Egipto. Pero al fallecer, los sacerdotes intentaron borrar su memoria.
- Nefertiti (1370 a.C. a 1331 a.C.): reina de la dinastía XVIII y primera esposa de Akenaton. Es recordada por la reforma religiosa hacia el monoteísmo junto a su esposo.
- Cleopatra: su capacidad de seducción estaba más en su inteligencia que en su físico. Plutarco dijo de ella: "Era atractiva por su conversación e inteligencia". Ella era inteligente, ingeniosa y audaz y era consciente de que necesitaba el apoyo de César. Se envolvió en una alfombra que ordenó enviar a César y cuando se desenvolvió, apareció

Cleopatra y desde aquella noche no volvieron a separarse. Con César tuvo un hijo y con Marco Antonio tres. Cuando ganó Octavio, Cleopatra se suicidó.

- Hipatia: (muerta en el 415 d.C. en Alejandría): la definen como mujer amable y siempre dispuesta a escuchar, es una de las científicas y filósofas más importantes de la Historia y con Teón llegaron al convencimiento de que la tierra no era el centro del universo, sino un planeta más que giraba alrededor del sol. Buscaba la razón de las cosas en vez de confiar su explicación a la existencia de un Dios como el cristiano. El obispo Cirilo la acusó de bruja. Cuando en 415 asaltaron la biblioteca, la atacaron, la desnudaron, la golpearon y la descuartizaron quemando sus restos.

3.2.2.- La mujer en Mesopotamia

En Mesopotamia las mujeres no estaban sometidas a los hombres, sino que gozaban de un cierto estatus de igualdad. En el famoso Código de leyes de Hammurabi las mujeres disfrutaban de importantes derechos, como poder comprar y vender, tener representación jurídica o testificar libremente. Muchas mujeres actuaron como escribas en el palacio del rey y las reinas eran respetadas como tales llegando incluso a ejercer la regencia de sus hijos menores de edad, firmaban los documentos y vivían en un palacio con esclavos y siervos. Las mujeres podían asimismo ejercer diversos empleos y participar en la vida pública de las ciudades.

3.2.3.- La mujer en la antigua Grecia

Las mujeres tenían pocos derechos en comparación con los ciudadanos varones y su actividad se limitaba al hogar salvo excepciones como las filósofas Hiparquia (340 a 300 a.C.) y Areta de Cirene (Libia), las líderes Gorgo de Esparta (506 a.C.) y Aspasia de Atenas (470 a.C. a

400 a.C.), las médicas como Hagnódice de Atenas y astrónomas como Aglaonice de Tesalia (siglo II a.C.).

Sin embargo, Aristófanes(446.a.C. a 386 a.C.) demostró ser un hombre poco común para su tiempo: en él podemos estudiar los antecedentes del hombre moderno, el hombre que mira a las mujeres como iguales, que reconoce su valía. Es la suya una mirada diferente a la que nos tienen acostumbrados sus coetáneos.

Lisístrata: obra de Aristófanes representada por primera vez el año 411 a.C. En ella Lisístrata impone la estrategia de huelga sexual de las mujeres hasta que los hombres paren la guerra. Se consigue una mediación de la propia Lisístrata entre atenienses y laconios y la paz se consigue. Es la primera huelga convocada y protagonizada por mujeres: ninguna mujer tendría relaciones con sus hombres hasta que dejaran de guerrear. Lo curioso es que hasta el papel de las mujeres lo llevaban a cabo los hombres en teatro en aquella época.

Aristóteles defendió, como casi todos los hombres de su época, que la mujer no era igual que el hombre y, por tanto, no podía tener sus mismos derechos y su papel debía limitarse a las tareas del hogar. Para Aristóteles, quien ejerció gran influencia en la Europa medieval, la mujer no era más que un hombre incompleto y débil, un defecto de la naturaleza, un ser sin terminar al que había que cuidar, proteger y guiar, lo que implicaba su sometimiento total al varón y su alejamiento de la vida pública en la que no podía participar.

Las muchachas se casaban a los 14 años con hombres mucho mayores que ellas. Era el padre quien le encontraba marido y discutía la dote a recibir por su hija. Ella pasaba a ser propiedad del marido como antes lo había sido de su padre y, en caso de enviudar, de su hijo. La educación de las mujeres estaba orientada a su función como esposa. Las niñas aprendían a hilar y tejer y su educación terminaba con el matrimonio.

Una vez casada, el marido recluía a su esposa en una parte de la casa apartada del exterior o la vida social que él llevaba. Allí vivía con sus hijos y sirvientas tejiendo sus propios vestidos, preparando los alimentos para el esposo y llevando la casa y nunca salía de ella, pues al mercado iban las esclavas. Cuanta más alta la clase social de los esposos, más rígido era este régimen. Por su parte, las mujeres más libres eran las prostitutas, que no estaban sometidas al régimen riguroso de las demás mujeres.

La división de la sociedad griega era muy clara: el mundo de la política y la libertad estaba reservado a los hombres y el de la casa a las mujeres. En algunas ciudades como Esparta, dado su carácter guerrero y la ausencia prolongada de los hombres, las mujeres gozaron de mayor libertad: estudiaban música, hacían gimnasia, competían como atletas e incluso algunos casos de adulterio les estaban permitidos. El mundo intelectual estaba casi vedado a la población femenina, pero aun así algunas mujeres destacaron en poesía.

Escritores como Aristóteles consideraban a las mujeres como "hombres defectuosos e incapaces intelectualmente para la toma de decisiones importantes por sí mismas. No podían hacer testamento y solo heredaban si no había parientes masculinos. También podían ser repudiadas por el marido sin dar explicaciones".

3.2.4.- La mujer en la antigua Roma

Las mujeres romanas disfrutaban de mayor libertad que las griegas, pero la participación política y ciudadana les seguía estando vetada, ya que ni podían votar ni ocupar cargos públicos. Su condición social seguía siendo la de un ser inferior al que había que tutelar, dirigir y utilizar. No tenían nombre propio, pues adoptaban el del padre en femenino y las niñas no deseadas eran abandonadas al nacer y condenadas a la esclavitud si conseguían sobrevivir. Hasta los 12 años, cuando contraían matrimonio, las de la clase patricia tenían sus preceptores en casa. La enseñanza que se les facilitaba estaba encaminada a hacer de ellas buenas esposas: aprendían canto, matemáticas, recitado de poemas y costura.

Ya en el siglo V a.C. las mujeres romanas podían poseer tierras, redactar sus propios testamentos y comparecer ante los tribunales. En la época de la República tardía romana (167 a.C. al 27 a.C.) las mujeres aparecen mucho más involucradas en los negocios y tan interesadas en ellos como los hombres.

En el campo trabajaban igual que los hombres en las labores agrícolas y en la ciudad podían ser incluso comerciantes y llevar sus propios negocios, aunque bajo la tutela de los hombres. Mientras que a las griegas les estaba prohibida la vida social, las romanas andaban libres por las calles aunque acompañadas, acudían a los banquetes junto con los hombres, iban al mercado, participaban en juegos y asistían a los espectáculos, pero debían llevar siempre la cabeza cubierta como señal de recato. En una sociedad de economía esclavista como la romana las esclavas no tenían valor alguno. Podían ser compradas, vendidas, maltratadas o dedicadas a la prostitución.

Una vez casadas las mujeres podían incluso salir a la calle sin necesidad de ser acompañadas por un hombre, acudir acompañadas al teatro o algún banquete y ocasionalmente visitar a las amigas. En el plano sentimental, los romanos compartían la distinción griega entre el afecto por la esposa por una parte y las bajas pasiones por otro. El matrimonio tenía como objetivo perpetuar el linaje, y en las clases altas, forjar alianzas políticas y sociales. En ese aspecto, el amar a la esposa era algo que estaba fuera de lugar, pocos se lo tomaban en serio. Las mujeres, para merecer el título de "madres de familia", debían estar en condiciones de dar a su marido hijos legítimos. El matrimonio era tan importante en la sociedad romana que Augusto impuso sanciones para aquellos que no se casasen.

La media de vida era de entre 30 y 40 años, así que el matrimonio se celebraba a partir de los 12 en las chicas. La anticoncepción y el aborto eran frecuentemente utilizados por las mujeres. En varias

36

ocasiones las mujeres tomaron las calles de Roma para defender sus derechos manifestándose violentamente contra algunas leyes que limitaban el uso de determinados vestidos o la posesión de oro y joyas.

En Roma la Ley de las Doce Tablas (450 a.C.) reconocía al "pater familias" la "vitae necisque potestas", el poder de la vida y de la muerte sobre sus hijos, su esposa y sus esclavos, aunque poco a poco fue evolucionando la situación de la mujer y en el año 195 a.C.es quizás el primer momento histórico en el que las mujeres se organizan contra la ley Oppia, que limitaba el uso de joyas.

El contexto romano fue más favorable que el griego a la participación de las mujeres en la ciencia y sobre todo en la medicina porque tras la conquista de Grecia en el siglo II a.C. los romanos llevaron a Roma varias médicas, las cuales influyeron decisivamente en el desarrollo de esta actividad en los siglos siguientes. De esta tradición quedan testimonios como las figuras de Sorano de Efeso, Olimpia de Tebas, Metrodora y Aspasia.

Según Juan Eslava Galán, "La mujer en el imperio Romano era simplemente un "venter", un vientre en el que perpetuar el linaje. Solo a partir del siglo II, con la divulgación de la moral estoica, a la que prontamente imitará el cristianismo, la mujer comenzará a ser considerada compañera del hombre y no su instrumento." Y según Santiago Posteguillo: "Las mujeres en Roma y Cartago no tenían capacidad de influencia sobre los acontecimientos del mundo."

La posteridad ha reconocido a:

- Téano, esposa de Pitágoras y matemática que mantuvo viva la llama de sus conocimientos después de su muerte. (siglo VI a.C.)
- Diotima, maestra de Sócrates

3.3.- LA MUJER EN LA CULTURA OCCIDENTAL

3.3.1.- la mujer en la Edad Media

A.- La caída en el feudalismo medieval

Tras la caída de Roma, en los nuevos reinos de tipo feudal el derecho volvió a formas más arcaicas y en este contexto la libertad de la mujer se vio aún más restringida. La vida cultural se empobreció y se reforzó tanto la concepción jerárquica y vertical de la sociedad como la subordinación de la mujer.

La mujer era, en general, campesina y trabajaba en el campo. También le correspondían las labores del hogar, el cuidado de los niños y de los enfermos y la asistencia a partos. Las bodas las pactaban los padres. Como nos lo expone Katherine Pancol en su novela "Los ojos amarillos de los cocodrilos": "En el siglo XII la divisa del matrimonio era "con él y bajo él". El lugar de la mujer en la Iglesia estaba restringido al convento.

Las mujeres protagonizaban las labores agrícolas de siembra y recolección y el cuidado de los rebaños y todo ello con salarios muy inferiores a los de los hombres. Las mujeres jóvenes podían encontrar trabajo como criadas y sirvientas de damas nobles por un mísero salario o, como ocurría la mayoría de las veces, a cambio de la comida y el alojamiento, lo que para los agobiados hogares campesinos que tenían que mantener muchas bocas era una liberación. Entre las sirvientas existía una gran diversificación de labores: las que atendían personalmente a los señores, las encargadas de la cocina y las que trabajaban en los talleres. Algunas podían aprender un oficio en los talleres de hilado y tejido de las haciendas y castillos. De todas formas, la importancia de las mujeres campesinas, junto con la de sus maridos, era fundamental para el mantenimiento de la economía agrícola.

La boda la pactan los padres de la muchacha, que fijan la dote y reciben una cantidad estipulada por parte del novio en concepto de la "compra" del poder paterno. Si no se casa con la novia pactada, se paga una multa estratosférica a la familia afectada. Si se finge un secuestro, la muchacha pasa a ser oficialmente adúltera.

B.- La formación de las mujeres

La Edad Media hizo posible que las mujeres de familias nobles estudiaran y gozaran de una libertad intelectual que, según algunos, no se repetiría hasta nuestros días. Las Beguinas fue una comunidad de mujeres que decidieron vivir juntas, libres, activas, solidarias y sin jerarquías. La comunidad se extendió por Holanda, Baviera, Francia y llegó hasta Cataluña. A ella pertenecieron Matilde de Magdeburgo, Beatriz de Nazaret, o Margarita Porete que se empeñaron en abandonar el latín y escribir en lengua vulgar. Sus obras son consideradas como el origen de las lenguas europeas modernas. Hoy día podemos y debemos reconocer que las mujeres han realizado una gran aportación al mundo de la matemática, física, biología y otros conocimientos trabajando en condiciones especialmente difíciles.

¿Es casualidad que la obra de Trótula de Salerno, una médica ilustre del siglo XI, autora de un tratado de medicina femenina traducido y copiado durante siglos, en el siglo XVI cuando se imprimió, justo en un momento en el que se alejó a las mujeres de la medicina y la ciencia, fuera adjudicada a un nombre de varón?

En Francia se sabía de la existencia de Dhuoda, autora de la primera obra francesa de pedagogía, escrita en el siglo IX, pero en las escuelas se enseñaba que el primer autor era Rabelais seguido de Michel Montaigne (1533 – 1592).

Christine de Pizan (1364 – 1430) fue una filósofa, poeta y una adelantada del feminismo (libro "La ciudad de las damas"). Esta mujer se atrevió a cuestionar la visión que los hombres tenían sobre las mujeres, defendiendo que el problema de la desigualdad se basaba en la falta de educación de las mujeres.

Durante varios siglos los conventos fueron el refugio de muchas mujeres que buscaban cierto nivel de libertad dentro de sus paredes. Además, entre los siglos XV y XVIII muchas mujeres de cierto nivel social buscaron en ellos lo que no podían conseguir fuera, librándose de los deberes de pertenencia exigidos por padres y maridos y dedicarse a lo que realmente pudiera interesarles. Los conventos cumplieron una función de gran utilidad durante la edad media ya que eran refugio de las hijas que no contraían matrimonio, único camino para otras de acceder a la cultura y solución para las mujeres que no encontraban salida a una mala situación económica.

Hildegarda de Bingen (1098- 1179): escribió obras teológicas, botánicas y medicinales, fue la primera persona en describir el orgasmo femenino y la que inventó la fórmula de la cerveza que se utiliza en la actualidad al añadir el lúpulo.

Siglos enteros de civilización, guerras, hambrunas y epidemias, el nacimiento de las ciudades o la vida campesina bajo el feudalismo se han contado sin incluir a las mujeres: la historia de los varones era extensiva a la historia de la humanidad.

Un caso excepcional lo tenemos en Murasaki Shikibu (siglo XI): la primera novelista japonesa (La historia de Genji) que trata del amor y la belleza, de la fugacidad de la vida, la tristeza y el abandono.

C.- La excepción vikinga

En medio de una época medieval en la que la mujer europea no era tenida en cuenta e incluso se la llegaba a considerar como inferior, los vikingos fueron la excepción a la regla. Ellos tenían mujeres líderes, gobernantes, guerreras. Tenían un estado igualitario tanto legal como social. La mujer vikinga era la jefa en el interior de la casa y a menudo se hacía cargo de la marcha de la granja cuando su marido y sus hijos estaban ausentes por motivos guerreros o comerciales. Se casaban entre los 12 y los 16 años, normalmente por matrimonios acordados, aunque se conocen historias de amores turbulentos consumados al margen de los acuerdos familiares. Si quería divorciarse en caso de que el marido fuera perezoso, insultase a la familia o la maltratara, lo único que tenía que hacer ella era llamar a algunos testigos y anunciar que se divorciaba.

Las mujeres vikingas tenían un estatus que ninguna otra mujer de la época tenía y que sólo lograron en períodos más recientes, salvando quizás a los celtas. Curiosamente y, siglos después, hoy en día las mujeres escandinavas siguen siendo el mejor ejemplo de equidad conocido entre hombre y mujer.

D.- La fundación de las Universidades

También la fundación de las universidades se estudia siempre como un factor positivo de desarrollo, pero nunca se ha tenido en cuenta su repercusión negativa para las mujeres. Hasta el siglo XIII la presencia e influencia femeninas en la educación son mayores que las de los varones, son activas enseñantes, intelectuales, mecenas y escritoras, pero la universidad excluye a las mujeres y el saber pasa a ser patrimonio del varón.

E.- El nacimiento de las ciudades

Al final de la Edad media, el nacimiento de la burguesía y de los estados centralizados tampoco propiciará una mejora sensible de la condición de la mujer. El aumento demográfico en la Baja Edad Media propició la aparición de núcleos urbanos en torno a lugares fortificados. En estos núcleos creció una nueva clase social, la de los burgueses, que basaba su economía en el comercio y la industria. Hombres y mujeres acudían a las ciudades, donde se realizaba un trabajo especializado y donde era cada vez más necesaria la mano de obra barata.

La proliferación de numerosos oficios dio entrada a las mujeres en el mundo laboral, pero siempre en precario, pues el trabajo estaba controlado por los hombres y el salario de las mujeres se mantenía en inferioridad con respecto al de los hombres. Aunque las mujeres trabajaban en casi todos los gremios, era en la industria textil y elaboración de vestidos donde lo hacían mayoritariamente.

También copaban los trabajos relacionados con la alimentación, como la elaboración del pan o la cerveza. Asimismo, dirigían pequeños negocios y tiendas de comestibles vendiendo frutas, pescados, carnes. Si bien la mujer se encontraba en una situación jurídica muy adversa, ya que estaba subordinada al hombre, su papel, en este tiempo, es más activo que en periodos posteriores. De hecho, en algunos países la mujer podía tener tierras, contratar trabajadores, demandar y ser demandada, hacer testamento y le correspondía otra tarea de gran responsabilidad: la representación del marido ausente.

A pesar de todo, la discriminación femenina era notoria: se les fueron cerrando las puertas de acceso a los gremios y sólo en el caso de ser viudas de un maestro o tener un hijo mayor que se hiciera cargo del negocio se les permitía continuar con él. A finales del siglo XV y dada la creciente crisis económica, las mujeres fueron expulsadas de los gremios y se hizo todo lo posible para impedir que siguieran trabajando.

3.3.2.- La mujer en la Edad Moderna

A.- El Renacimiento para la mujer

La Edad Moderna supone un periodo de profundas transformaciones que van a constituir las bases del mundo contemporáneo: el descubrimiento de América, con el encuentro de diferentes culturas, el aumento del poder del Estado, la pérdida de poder de la Iglesia y la aparición de nuevos valores basados en el hombre -el humanismo- y en la ciencia experimental, fueron cambios que afectaron negativamente en la vida de las mujeres.

El Renacimiento resultó ser un "renacer" sólo para los varones, que ven mejoradas en esa época sus posibilidades educativas y laborales. Para las mujeres fue todo lo contrario: no pudieron acceder a la educación humanista y los nuevos Estados, centralistas y uniformadores, dictaron leyes que restringieron aún más sus posibilidades.

La burguesía ciudadana terminó apartando a las mujeres de la herencia que pasó a transmitirse por la vía varonil y primogénita. Y se excluyó a las mujeres de las profesiones que venían realizando y se las recluyó en el hogar.

En el mundo rural la mano de obra en el campo seguía basada en el trabajo de las mujeres- las labores agrícolas y las manufacturas caseras-. A partir de los siglos XVII y XVIII se ampliaron los trabajos de encajes y bordados, industria que quedó en manos femeninas por la posibilidad de realizarlas en el hogar. Los métodos anticonceptivos apenas se usaban y las mujeres tenían un hijo cada dos años, aunque la mortandad infantil era muy alta. Por ejemplo, en París, un tercio de los niños de la época eran abandonados al nacer.

Las mujeres participaban en escaso número en la actividad productiva de las ciudades y las que trabajaban, en su mayoría, lo hacían como sirvientas. Con frecuencia eran objeto de explotación económica y sexual por parte de sus patronos.

Podemos considerar como mujeres relevantes de esta época a:
Santa Teresa de Jesús: (1515 – 1582) escritora, poeta y emprendedora, quien afirmaba que optó por el convento como alternativa a la pérdida absoluta de libertad que suponía el matrimonio.

Sor Marcela (1605 – 1688): dramaturga, poeta y amante del escritor López de Vega.

Sor Juana Inés de la Cruz: (1648 – 1695) se hizo monja para poder pensar en el siglo XVII. En realidad, no era a Dios a quien buscaba sino la tranquilidad de una vida que le permitiera dedicarse a su gran pasión:

adquirir conocimientos, pensar y escribir. Era una intelectual, una de las más grandes de su época.

Francisca Josefa del Castillo y Guevara: (1671 – 1742) escritora.

Isabel de Bohemia: (1618 – 1680) filósofa alemana.

Marie de Gournay (1565 – 1645) fue una intelectual cuyo principal empeño fue demostrar la igualdad entre hombres y mujeres. Escribió el "Tratado de igualdad entre hombres y mujeres" en el siglo XVI. Estableció relaciones con Montaigne y se opuso a que las mujeres se subordinaran a los hombres. También reivindicó la independencia de las mujeres y la necesidad de que fueran dueñas de su destino.

Mary Wollstonecraft: escritora y filósofa inglesa (1759 – 1797) madre de Mary Shelley y autora de "Vindicación de los derechos de la mujer". Plantó cara a todos los convencionalismos sociales de su época que sentía como cadenas.

Hubo astrónomas de gran nivel como:

Caroline Lucretia Herschel (1759 - 1796): la primera mujer en identificar un cometa entre la Osa Mayor y Berenice.

María Wilkelmann (1670 - 1720).

Nicole R Lepaute descubrió el cometa Halley en el siglo XVIII.

María Mitchell (1818 - 1889).

Las damas de Pickering, clasificadoras y fotógrafas de estrellas, Sophie Germain (1776 - 1831).

Ada Lovelace, matemática (1815-1852), matemática, introdujo el concepto de "algoritmo", etc.

B.- La Declaración de los Derechos del Hombre y el sufragio universal masculino

La Declaración de los Derechos del Hombre no contempla los derechos de la mujer, ya que con la palabra "hombre" no se refería a la humanidad sino sólo a los hombres. Fue aprobada el 26 de agosto de 1.789 por la Asamblea Nacional Constituyente de Francia y decía exactamente lo siguiente: "Cada hombre (no las mujeres) nace y permanece libre e igual en derecho a todos los demás".

La Declaración de los Derechos del Hombre se proclamó en tiempos de la Revolución Francesa y solo incluyó a los hombres, porque la mujer era sencillamente "invisible" para los hombres de entonces, el hombre no dejaba espacio a la mujer, la revolución seguía considerando a la mujer como inexistente, vacía, sin derechos. La Asamblea Nacional promulgó también el sufragio universal masculino.

Por primera vez en la historia el hombre se declara acreedor de derechos por el único hecho de haber nacido. Las mujeres, como ya hemos expuesto, tardarían mucho más. Las mujeres sólo consiguieron el derecho a voto en Francia después de la segunda Guerra Mundial.

Derechos que 235 años más tarde aún son absolutamente desconocidos en grandes partes de nuestro mundo actual.

C.- La Declaración de los Derechos de la Mujer

En 1.791 Olimpia de Gouges (Montauban 1748-1793) empezó a escribir y a destacar como dramaturga y publicó la Declaración de los Derechos de la Mujer y la Ciudadana, que comenzaba con estas palabras: "Hombre ¿Eres capaz de ser justo? Una mujer te hace esta pregunta".

Olimpia mantuvo una intensa actividad a favor de la abolición de la esclavitud, siendo miembro del Club de los amigos de los negros y escribiendo varias obras de teatro sobre el tema. En la línea de Montesquieu, defendió la separación de poderes, se adhirió a la causa republicana y se opuso a la condena a muerte de Luís XVI. Tomó partido por los girondinos y advirtió sobre los riesgos de dictadura criticando duramente la política de Robespierre y Marat. Defendió la igualdad entre ambos sexos y que no se distinguiera entre los hijos legítimos y los otros.

Cuando los girondinos fueron eliminados de la escena política, Olimpia, a causa de sus críticas a la represión jacobina, fue acusada de reaccionaria por Robespierre, quien la sentenció a la guillotina. Y ella respondió: " si las mujeres son iguales para subir al cadalso, también lo deben ser para subir a la tribuna pública". Murió en la guillotina. Esta fue la forma masculina de "aprobar los Derechos de la Mujer y la Ciudadana", que quedaron en el olvido más absoluto hasta el año 1893. Ello denota que existían mujeres cultas en la época revolucionaria, pero, según los hombres, eran la excepción que confirma la regla. Esta Declaración de Derechos de la mujer jamás se aplicó en ningún país ni se consideró por los hombres más que como una especie de reclamación vacía de contenido.

D.- Vindicación de los Derechos de la Mujer

Mary Wollstonecraft la publicó en 1792 en Inglaterra y argumentó que las mujeres no son por naturaleza inferiores a los hombres, sino que tan solo puede parecerlo debido a que no han tenido acceso a la educación apropiada. Hacía una defensa de los derechos de las mujeres contra su anulación social y jurídica. Esta obra es tenida como el comienzo del movimiento feminista contemporáneo, pues en ella se defiende el derecho al trabajo igualitario, a la educación de las mujeres y a su participación en la vida pública.

Argumenta que las mujeres deberían recibir una educación acorde a su posición en la sociedad ya que son esenciales para la nación porque son ellas las que educan a sus hijos y porque podrían ser consideradas no solamente meras esposas sino pares de sus maridos. Aborda la inclusión de la mujer en los principios universales de la Ilustración, así como la aplicación del principio de igualdad en la extensión de la educación a las mujeres y la liberación de los prejuicios.

Ella misma lo escribió con las siguientes palabras: "Fortalezcamos la mente femenina ensanchándola y será el final de la obediencia ciega". Ello es evidente, como se está demostrando en este siglo XXI, y estoy plenamente de acuerdo en que la educación es y será el fundamento del cambio necesario en el estatus de la mujer en el mundo. Me quedo con una frase de Mary Wollstonecraft con el siguiente mensaje: "No deseo que las mujeres tengan poder sobre los hombres, sino sobre ellas mismas"

3.3.3.- La mujer en el Siglo XIX

A.- Declaración de Séneca Falls

La Convención de Séneca Falls (Nueva York) fue la primera convención sobre los derechos de la mujer en EEUU, llevada a cabo del 19 al 20 de julio de 1848 siendo organizada por Lucretia Mott y Elizabeth Cady Stanton. El resultado fue la aprobación de la Declaración de Séneca Falls en la que se resumen las conclusiones de la Convención de los Derechos de la Mujer inspirada en la Declaración de Independencia de los EEUU.

Esta Declaración denunciaba las restricciones, sobre todo políticas, a las que estaban sometidas las mujeres: no poder votar, ni presentarse a elecciones, ni ocupar cargos públicos, ni afiliarse a organizaciones políticas o asistir a reuniones políticas. La reunión fue convocada en la prensa para discutir la condición y los derechos sociales, políticos y religiosos de las mujeres y pretendía formar parte de los movimientos de reforma social en EEUU. El texto es considerado como el texto fundacional del movimiento feminista

Pero aún pasarían muchos años para que estas justas reclamaciones de derechos por parte de la mujer pudieran conseguirse. El siglo XIX se caracteriza por la existencia de profundas transformaciones, en los ámbitos ideológico, económico y social, que inciden de manera esencial en las mujeres. La aparición en Inglaterra del proceso de industrialización lanzó a las mujeres a las fábricas, sobre todo textiles, que junto con el servicio doméstico eran las ocupaciones mayoritarias de las más pobres. Se explotaba a los trabajadores con jornadas agotadoras de 16 horas, trabajo infantil, despido libre, falta de asistencia sanitaria, hacinamiento o ausencia de seguridad laboral. En el sector de la confección las mujeres se esforzaban hasta el anochecer dirigidas por oficialas y patronas que regentaban los talleres.

B.- La mujer y el machismo

Las mujeres de clase alta utilizaban a numerosas criadas como signo de distinción y éstas trabajaban con total dependencia de los señores prácticamente las 24 horas por salarios de miseria. Como consecuencia de los agotadores y mal retribuidos salarios aumento la prostitución en las grandes ciudades ejercida por jóvenes que trataban de sobrevivir. En Inglaterra, a mediados del siglo XIX, el 40% de las mujeres que trabajaban lo hacían en el servicio doméstico. En las jóvenes de clase media se hizo frecuente emplearse como institutrices y damas de compañía y es a mitad de este siglo cuando nació el oficio de enfermera.

El siglo XIX estuvo dominado por un machismo feroz y, como nos lo comentan Patler y Kriegel en su ensayo "Si no está roto, rómpalo": "Hasta los médicos evolucionistas del siglo XIX, aún siendo ateos muchos de ellos, comparando el tamaño de los cerebros dedujeron la menor inteligencia de la mujer o que eran todas unas histéricas". En ese mismo contexto, tal como nos lo expone Marlene Patoumathis en un artículo: "La influencia ideológica durante el siglo XIX fue fuerte y se creía en la desigualdad de razas. Así se justificaron la colonización y la esclavitud en las tierras conquistadas considerando a sus humanos como seres inferiores".

En Finlandia, en 1878, la ley reconoció a las mujeres rurales el derecho a la mitad de la propiedad y de la herencia en el matrimonio y en 1889, las mujeres casadas pusieron disponer libremente de sus salarios. O leyes aún más tempranas en Noruega en los años 40 y 50 permitieron la igualdad hereditaria (1845). En cambio el Código Napoleón (1803) de Francia y el Código Civil español de 1889 disponían que la mujer casada carecía de autonomía personal y tanto sus bienes como sus ingresos eran administrados por el marido. Solo en el siglo XX se conseguirá en Francia y España romper la legislación discriminatoria.

C.- La formación

En el siglo XIX el derecho a ir a la escuela y a aprender sin límites era exclusivo de los hombres. Y debo reconocer que aún en la España de la postguerra, entre 1940 y 1960, en las familias de clase media como la mía, a las chicas se les preparaba exclusivamente para casarse y los chicos éramos los que teníamos derecho a estudiar carreras (como entonces se llamaba) universitarias. Cuando yo inicié en 1967 mis estudios de ciencias Económicas, Sociales y Políticas en la Universidad del País Vasco (en Sarriko), entre los cerca de 500 alumnos de primer curso las chicas no llegaban a la docena.

D.- La nueva mujer

Pero ya en este siglo XIX la voz de la mujer se escucha con más fuerza, aunque en ocasiones sigue utilizando el nombre del marido u otro nombre masculino para poder publicar sus obras. Tenemos, por ejemplo, los siguientes nombres:

Louisa May Scott (1832 – 1888): Creadora de "Mujercitas". Su padre fue un adelantado que enseñaba a los niños a pensar, dejando la memoria en segundo plano. Aceptó niños afroamericanos y le cerraron la escuela. No podemos comprenderla sin su padre, quien le impulsó a escribir, a luchar, a ser ella misma.

Jane Austen (1775 – 1817): Creadora de "Orgullo y prejuicio" entre otras obras.

Emily Brontë (1818–1848) y sus hermanas: De cuotas de libertad inimaginables en sus tiempos y creadoras de "Jane Eyre y Cumbres borrascosas" y otras obras. Charlotte fue el verdadero motor e impulsora de las hermanas.

Harriet Beecher Stowe: (1811- 1896) escritora de "La cabaña del tío Tom"

Mary Shelley: (1797 – 1851) escritora de "Frankestein"

Concepción Arenal: Pensadora, poeta y educadora: (1820 – 1893) estudió para ser independiente y no depender nunca de ningún hombre. En todas sus obras hay una defensa de la igualdad.

Emily Dickinson(1830–1886): Una de las mejores poetas norteamericanas de todos los tiempos. Ella nos dice: "El comportamiento es lo que un hombre hace, no lo que piensa, siente y cree."

Rosalía de Castro (1837–1885): Poeta y novelista española en gallego y defensora del feminismo. Con la píldora las mujeres hemos conseguido decidir si somos o no madres, cuándo, cómo y con quién. Pero en 1836 esa alternativa no existía y ni siquiera el éxito pudo borrar esa marca basada en la hipocresía y los convencionalismos fijados por los hombres y en muchos casos con el apoyo de muchas mujeres "las buenas", las que han aceptado su moral tramposa, situando su honra entre nuestras piernas. Así fue desterrada a los infiernos de la exclusión social. Y, sin embargo, Rosalía fue una permanente defensora del derecho de la mujer para vivir en libertad y decidir su vida sexual cómo y con quien quisiera.

3.3.4.- Siglo XX

A.- 1.910: Día de la mujer

Durante la reunión de Copenhague de la Internacional Socialista de 1.910 se proclamó el Día de la Mujer como homenaje en favor de los derechos de la mujer, quedando como fecha definitiva el 8 de marzo. Según mi criterio, reconocer un día especial para recordar o conmemorar algo, es sinónimo o equivalente a reconocer la desigualdad o inferioridad de "ese algo". ¿Hay acaso un día del hombre? Creo que tampoco debería haber un día de la mujer, sino serlo todos los días.

Matilde Asensi en su obra "Todo bajo el cielo" nos dice: "En España en 1923 la mujer seguía siendo un objeto, en el mejor de los casos de adorno, dominado por la Iglesia y el marido."

B.- El derecho de voto de la mujer

El naciente feminismo se centró en la segunda mitad del siglo XIX y en la primera del siglo XX en la reivindicación del derecho al voto de las mujeres, aunque dicho derecho a voto no fue reconocido hasta 1.920 en EEUU.

En Nueva Zelanda lo fue en 1893
En Australia en 1.901
En Finlandia y el Imperio ruso en 1.906
En Noruega en 1.913
En Dinamarca e Islandia en 1.915
En Alemania en 1918
En Gran Bretaña en 1928
En España en 1.931 y después en 1976
En Francia e Italia en 1.945
En Suiza en 1.970.

En Arabia Saudí y Brunei y en más de la mitad de los países del mundo todavía no pueden votar.

C.- La mujer en el mundo laboral

En general, hasta la víspera de la Segunda Guerra Mundial (y hasta 1965 en Francia y años más tarde en España) la mujer debía solicitar el permiso del marido para ejercer una profesión. La esposa no podía presentarse a un examen, matricularse en una universidad, abrir una cuenta bancaria, solicitar un pasaporte o un permiso de conducir. Tampoco podía actuar ante la justicia. Para iniciar una acción procesal debía solicitar una autorización especial, excepto en el caso de que ejerciera un comercio separado y autorizado

Las dos guerras mundiales fueron un factor desencadenante: al marchar los hombres al combate (65 millones de soldados entre todos los contendientes) las mujeres tuvieron que hacerse cargo del trabajo, hubo que recurrir a la mujer para mantener la producción, 430.000 mujeres francesas y 800.000 británicas pasaron de ser doncellas y amas de casa a obreras asalariadas. Las estructuras sociales comenzaron a cambiar. Las modas impusieron faldas y cabellos más cortos, aparecieron las guarderías para los hijos de las trabajadoras y la participación femenina en los sindicatos obreros.

Tras la Segunda Guerra Mundial en los países capitalistas la mano de obra femenina representaba un tercio de los trabajadores, mientras que en el mundo socialista era de un 50 por ciento, ya que la Revolución Rusa de 1917 fue la primera en legislar que el salario femenino debía ser igual al masculino: a igual trabajo, igual salario. Las mujeres de la Unión Soviética se instalaron en todos los sectores de la producción. La Europa de la posguerra vio cómo las mujeres se resistían a abandonar sus trabajos para volver a encerrarse en el hogar o trabajar en el servicio doméstico.

D.- Los derechos de la mujer

Todavía, hasta mediados del siglo XX, no se consiguió que el mundo occidental, supuestamente desarrollado, considerara a la mujer con los mismos derechos del hombre. Era evidente de que la Ley de la Fuerza seguía con pleno vigor y que todavía había mucho camino por recorrer. Los nuevos tiempos suponían un cambio significativo en la concepción del trabajo femenino: se empezaba a considerar que era necesario y que, además, dignificaba a la mujer.

Las mujeres de clase media accedían cada vez más a un trabajo más cualificado y mejor retribuido. El aumento fue tan importante que, a finales de los años sesenta, había en Europa occidental, más mujeres oficinistas que hombres. También fue mayoritaria la participación de la mujer en trabajos como el de enfermera, telefonista, comercio, limpieza, peluquerías, etcétera. Actualmente las mujeres copan las universidades y son fuertemente competitivas en todo tipo de trabajos, incluidos los técnicos. Pese a todo en el tercer Mundo continúan marginadas y esclavizadas.

E.- La obra de la mujer

Como mujeres ilustres de este siglo XX podemos recordar a:
En Sudamérica:

Gabriela Mistral (1889- 1957): primera Nobel de Sudamérica.
Juana de Ibarbourou (1892- 1979): poeta uruguaya.
Ida Vitale: (1923) ensayista y crítica uruguaya.
Rosario Castellanos: (1925 – 1974) literata mexicana.
Magda Portal: (1900 – 1989) poeta, narradora y activista peruana.
Alejandra Pizarnik: (1936 – 1972) poeta y escritora argentina.
Gioconda Belli (1948): Novelista nicaraguense: Dijo: "Mi literatura no es femenina, sino que es una literatura donde la mujer es protagonista, que es la visión del mundo desde la perspectiva de la

mujer". Su escritura resalta su compromiso político, su defensa de los derechos de la mujer, su manera de ser libre, su esperanza, su fortaleza.

En Rusia:
  Anna Ajmátova: (1889–1966) Poeta ucraniana.
  Marina Tsvetáieva: 1892-1944): poeta moscovita:filósofa.
  Lou Andreas-Salome (1861 – 1937): filósofa.

Resto del mundo
  Simone Weil: (1909 – 1943) filósofa y activista francesa.
  Hannah Arendt: (1906–1975) filósofa e historiadora de EEUU.
  Philippa Foot (1920 – 2010): filósofa británica.
  Marie Curie (1867 - 1934): química, física y premio Novel.
  Irene Juliot-Curie (hija de Marie): científica.
  Hedy Lamart: inventora y emprendedora.
  Lise Meitner (1878 – 1968): descubridora del Protacnio.
  Susan Sontag: (1933 – 2004) filósofa y ensayista norteamericana.
  Rita Levi-Montalcini: (1909–2012) italiana, nobel de medicina.
  Agatha Christie (1890 – 1976: novelista inglesa.
  Margaret Mitchel: (1900 – 1949)"Lo que el viento se llevó".
  Virginia Woolf (1882 – 1941): novelista.
  Edith Wharton (1862 – 1937): "La edad de la inocencia":
  Pearl S. Buck: (1892–1973)defendió los derechos de las mujeres.
  Marguerite Yourcenar (1903 – 1987): (Memorias de Adriano).
  Marguerite Duras (1914 – 1996): (El amante): prototipo de mujer que rompe moldes, que se enfrenta a todos y a todo.
  Doris Lessing (1919 – 2013) (El cuaderno dorado): feminista.
  Nadine Gordimer: (1923 – 2014) Premio nobel en 1991.
  Nelle Harper Lee: (1926 – 1916): (Matar a un ruiseñor).
  Alice Munro (1931 – 1924): Nóbel en 2013. Escritora compleja.
  Artemis Cooper (1953): escritora-historiadora.

España
María Zambrano; (1904 – 1991) ensayista y filósofa española que apostó por la educación como motor del cambio social.
Adela Cortina: (1947). Filósofa española.
Victoria Camps: (1941): filósofa española.
Amelia Valcarcel: (1950) filósofa feminista.
Celia Amorós: (1944) filósofa y ensayista feminista.
Laura Llevadot: (1970) Filósofa.
Alicia Miyares: (1963): filósofa y escritora.
Margarita Salas: (1938–2019) descubrió el ADN de la polimerasa.
María Blasco (1965) Científica biomolecular.
Margarita del Val: (1959) química, viróloga e inmunóloga.
Alicia Calderón (1982): física española.
Elena García Armada (1971) Ingeniera industrial española.
Dorotea Barnés González (1904 – 2003): pionera en química.
Jimena Fernández de la Vega: (1895 – 1984) médica y genetista.
Emilia Pardo Bazán: "Los pazos de Ulloa" (1841-1921).
Clara Campoamor: (1888 – 1972): honradez intelectual y la coherencia fueron sus señas de identidad. Y muchas más.

F.- Convención sobre los Derechos Políticos de la Mujer

Se aprobó el año 1.952. No obstante, ni las declaraciones ni las convenciones son sinónimo de un respeto efectivo de los derechos y libertades que proclaman. Salta a la vista que su cumplimiento es desigual y en muchos casos altamente insatisfactorio, ya que formas de discriminación y subordinación de la mujer se siguen dando en todas las sociedades.

Pero, al menos, hay un marco teórico internacional y una hoja de ruta que señala el tipo de sociedad que se anhela: una sociedad, un mundo en el que las personas, mujeres y hombres, no sean discriminadas ni agredidas. Lo asombroso es la situación de auténtica sumisión en que sigue encontrándose la mujer aún hoy día en los países musulmanes y en otros muchos del tercer mundo.

Y, sin embargo, por razones exclusivamente pecuniarias, los países democráticos mantienen relaciones de amistad e intercambio económico con esos países, como si nada pasara. El hombre todo lo ha supeditado, como ha sucedido durante toda la historia, a la codicia y a la ambición de poder y actualmente sigue siendo igual.

¿No deberían solidarizarse las mujeres (y también los hombres) con las "otras" mujeres que aún siguen encerradas en la caverna como burros de carga?

De aquí proviene la inmensa necesidad que tiene la sociedad humana actual de que despierte "la fuerza de la mujer", que lleva tanto tiempo prisionera de la Ley de la Fuerza machista.

3.4.- LA MUJER EN LA CULTURA MUSULMANA

3.4.1.- La figura del hombre en la cultura musulmana

Como nos lo expone Hanif Kubatli en su obra "El álbum negro", "En el islam, sobre todo, tienes que obedecer, no hay sentido de la duda o espacio para otras ideas. Pero no solo es autoridad, sino sumisión. Lo único que tienes que hacer es obedecer, renunciar a la libertad de pensar". Harás lo que debas, no lo que quieras. Yo sé lo que es bueno para ti. Entre los árabes es impensable que un hijo no acate las decisiones de su padre y nos debemos a nuestro honor, a nuestra familia, a nuestras tradiciones, a nuestros amigos, a nuestros ideales.

En el islam los muchachos a partir de los 7 años son educados por los hombres y el padre elige entre los hijos al que le parece el mejor, que no tiene por qué ser el primogénito: siempre ha sido así.

3.4.2.- La mujer en el Corán y los Hadices

La jurisprudencia islámica (Sharia) habla de las diferencias que se deben dar entre los roles de los hombres y las mujeres, derechos y obligaciones. Los estudiosos disienten en cuanto a la interpretación de estos imperativos religiosos y si son o si no son justos.

El papel de la mujer en el islam ha ido variando a lo largo de la historia. El Corán enfatiza la igualdad de mujeres y hombres ante Dios en cuanto a sus deberes religiosos y coloca a las mujeres "bajo el cuidado de los hombres", lo que les convierte en proveedores y protectores de las mujeres. Por lo tanto, las mujeres correctas deben ser devotamente obedientes a sus esposos.

Como nos lo comenta Tariq Alí en su obra "El libro de Saladino": "Mi madre se preguntaba cómo era posible que los hombres siempre encontrasen un HADIZ que justificase todo lo que hacían a las mujeres, pero que al contrario no pasaba nunca. Tanto el Corán como los Hadices se callan y no dicen qué nos ocurrirá a nosotras, las mujeres. No podemos transformarnos en vírgenes. ¿Habrá muchachos para nosotras o nos dejarán en nuestra propia compañía?"

IBN RUSHD observó una vez que si a las mujeres se les permitiera pensar, escribir y trabajar, las tierras de los creyentes serían las más fértiles y ricas del mundo entero. Las mujeres están excluidas de desempeñar funciones en el campo del comercio o en los asuntos de Estado.

Las mujeres se encuentran encarceladas en la ley coránica, la sharia. Las mujeres no existen ni tienen su destino en sus manos. Los predicadores dicen que la ignorancia es el salvoconducto de las mujeres para llegar al paraiso.

3.4.3.- El matrimonio en el islam

A.- Amor y matrimonio

Las uniones amorosas son más bien un motivo de cuentos y canciones. Para los musulmanes un matrimonio por amor es algo incongruente y hasta una contradicción: el matrimonio es un contrato legal formalizado entre dos familias, dos fortunas, dos posiciones y constituye la base de la estructura social, la cual no podría depender de una emoción tan volátil e incontrolable como el amor. Sólo los intereses familiares determinan la elección de un cónyuge. Por regla general, el novio y la novia no se conocen antes de la boda. Al matrimonio por amor se le considera una invención reciente de Occidente y se considera una cosa absurda.

Las jóvenes musulmanas son tempranamente casadas por su familia y se pasan la vida entera ocultas detrás de los muros, tiendas de campaña o velos y sometidas al control de sus padres, maridos o hermanos. Cuanto mayor es el "prestigio" de la mujer "libre" y de su familia, tanto más estricto es el control de los parientes masculinos, ya que cada paso en falso lesiona el honor de toda la casa.

Por ejemplo, en Pakistán e incluso en la India, toda recién casada india conserva en la memoria la frase ritual pronunciada por sus padres cuando los deja: "Hoy te enviamos con tu esposo en el palanquín nupcial ¡Que de su casa solo salga tu cadáver!" Si una hija vuelve a la casa de sus padres es la deshonra: sus vecinos piensan que no supo agradar o que es una esposa rebelde y el descrédito abarca a sus hermanas que no encontrarán marido. A las mujeres casadas se les llama "dichosas" en la India, y a las repudiadas, divorciadas, viudas y solteras las llaman "malditas".

El Corán es razonable, ya que dice: las mujeres tienen que ser virtuosas, buenas esposas, buenas madres, llevar una vida decente, ocultar los pechos con el velo y descubrirse en familia.

B.-Mujer y derechos matrimoniales

En la historia del islam los casos de repudio de la mujer se daban muy a menudo en los matrimonios dada la facilidad con la que el hombre podía divorciarse de su esposa, ya que la tradición islámica no exigía trámite legal alguno.

Según el derecho islámico (sharía) el matrimonio no puede ser forzado, sin embargo, el matrimonio es acordado entre el "wali" o guardián de la novia (padre o familiar masculino más cercano) y el novio. No entre el novio y la novia.

El Corán permite que el hombre golpee a su esposa y estipula que tiene el derecho a utilizar el cuerpo de la esposa como una posesión, utilizándolo como y cuando el hombre lo desee sin que el consentimiento de la mujer sea en absoluto tenido en cuenta.

Como nos lo explica Kenizé Mourad en su novela "Un jardín en Baldapur" el drama de la mujer en el mundo islámico es que la mayoría de las mujeres desconoce sus derechos. Por ejemplo, la mujer tiene derecho a exigir el divorcio por múltiples razones como no mantenerla decorosamente, tomar a otra mujer contra su voluntad, incumplimiento de deberes conyugales, etc. Pero eso ha de estar estipulado en las capitulaciones matrimoniales y la presión social es tan grande que muy pocas mujeres se atreven a exigirlas. La ausencia de los derechos de las mujeres no tiene, pues, nada que ver con el islam, sino con nuestras sociedades y la forma en que durante siglos las hemos ido degradando".

En la mayoría de los países de mayoría musulmana la poligamia está tolerada bajo ciertas condiciones, siendo la fundamental la del sustento. La normativa islámica fija en cuatro el número máximo de mujeres que puede tener un hombre

C.- La endogamia en la cultura musulmana

El matrimonio entre familiares directos (primos hermanos) es muy común en el mundo musulmán, aproximadamente uno de cada tres matrimonios en Arabia Saudí, Irán y Pakistán y llegando los matrimonios consanguíneos (incluyendo los primos segundos) hasta unas cifras del 65% al 80% en diversas poblaciones islámicas de Medio Oriente, Norte de África y Asia Central Islámica.

3.4.4.- El hombre y la mujer en la sociedad musulmana

3.4.4.1.- Sobre el control

Fuera, el hombre es el amo absoluto, controla (o cree controlar) los menores hechos o gestos de la mujer y de sus hijas.

Dentro, los papeles se invierten: la esposa todopoderosa rige la casa, los gastos, las criadas y la educación de los hijos hasta los siete años, edad en el que el padre los toma a su cargo. Pero este sistema permite y alienta la conversión del niño en un reyezuelo caprichoso y adulado, cosa que seguirá siendo de adulto, con todo y contra todo.

3.4.4.2.- Sobre los códigos de vestimenta de la mujer

Como el honor de los hombres en el mundo musulmán pasa por la virtud de las mujeres, a ellas les toca adaptarse a las costumbres. Hay un código de conducta rígido y a la vez profundamente interiorizado, que moldea todas las relaciones entre los hombres y las mujeres y del que el velo es una expresión y una consecuencia. Y así se comprende entonces que muchas mujeres, en vez de sentirlo como una limitación, lo consideren al contrario como una señal de respetabilidad y una protección necesaria.

Existen variaciones regionales y en las diversas sectas de las coberturas asociadas con el "hijab":

- Hijab: Pañuelo o mantilla que cubre el pelo.
- Chador: Vestimenta que cubre la cabeza y el cuerpo, pero deja la cara descubierta. Muy común en Irán.
- Shayla: Larga pañoleta rectangular, abrochada o enganchada en el hombro, con la que se envuelven la cabeza, pero dejan la cara descubierta. Es típica del golfo pérsico.
- Khimar: Larga pañoleta rectangular que cubre cabeza, cuello y hombros, pero deja la cara descubierta.
- Burka: Cubre toda la cabeza y el cuerpo, incluso los ojos. En la cara tiene una malla de tela cosida al burka.
- Al-Amira: Velo de dos partes que incluye una gorra ajustada y una bufanda en forma de tubo que cubre la cabeza y el cuello, pero deja la cara descubierta.
- Nicab: Un velo que deja los ojos sin cubrir y utilizado con un pañuelo que cubre la cabeza.

Como nos lo expone Nawal Al Saadawi, la evolución de la mujer en Egipto ha sido reaccionaria ya que en los 50 del siglo XX no había ni una mujer con velo en Egipto. Teníamos problemas económicos pero la sociedad era más libre. En los 80, el 70% de las mujeres lucía pañuelo. Actualmente, el 95% lo lleva.

El pañuelo (hiyab), según Nawal Al Saadawi, es un símbolo de opresión. Ese es el problema: convierte a las mujeres en cuerpos sin cabeza. En el cristianismo, cuando más devota era una mujer, más se cubría. Piense en las monjas. El islam lo heredó. De modo que no se puede ser feminista y aprobar el uso del velo. Ahí no hay libertad de elección, admitirlo es aceptar la esclavitud.

¿Qué tiene que ver la moral en todo esto? ¿Por qué, entonces, mostrar el rostro y los cabellos es más inmoral para una mujer que para un hombre?

En ninguna parte del Corán se dice que la mujer deba ocultar su rostro, ni siquiera el pelo, pero los jeques dicen que es pecado mostrarlos. El Corán solo habla de llevar un atuendo modesto. El mismo Profeta no pedía a su mujer Aysha que se velara y la llevaba con él a cenas en las que conversaba libremente con los hombres. En cuanto a Sokaina, la biznieta de Mahoma, se negaba obstinadamente a llevar velo "sería injuriar a Dios", decía, "si él me ha dado la belleza, no será para que la oculte".

La feminista argelina, la bereber kabila Khalida Messaoudi dijo en una ocasión en "Le Noubel Observateur" que "el velo es nuestra estrella amarilla", es decir, como la marca infamante que los nazis obligaban a llevar a los judíos. Merece una reflexión específica y , de nuevo, acudir a las fuentes. Según Khalida Mesaoudi, esta señal de ignominia reduce la función de las mujeres a la de meras reproductoras del linaje patriarcal. Pero la mayor parte de las mujeres magrebíes no son conscientes del significado ignominioso del velo e incluso algunas lo llevan como signo de identidad religiosa o tradición familiar. Pero no es precisamente una prenda inocente.

¡Singular signo islámico que no aparece en el Corán!

3.4.4.3.- Sobre la dificultad de la liberación de la mujer

Será muy difícil, para las mujeres que no se han beneficiado de la influencia liberadora del Renacimiento, de la Ilustración y del laicismo, romper las cadenas del sometimiento cultural, mental y físico al hombre. Mientras las religiones sigan dotando a las sociedades de cultura musulmana de las normas de convivencia, la mujer seguirá estando dominada y sometida. En las culturas y países de mayoría religiosa musulmana las mujeres carecen de derechos legales y la violencia contra niños y mujeres es la norma.

Nos lo expone muy bien Kenizé Mourad en su obra "Un jardín en Baldapur": "Estoy cada vez más convencida de que el progreso y la prosperidad de nuestras sociedades pasan por la educación y la liberación de las mujeres. Lo cual no significa que tengamos que imitar a las occidentales. Hemos de encontrar nuestro propio modelo." Y será la educación el único camino de liberación e igualdad.

Hay mujeres que han tomado actitudes valientes como la musulmana Malala Yousafzai, Premio Novel de la Paz, que sufrió un atentado islamista con 15 años, quien nos dice: "Nada ha cambiado en mí excepto esto: el miedo y la falta de esperanza murieron; la fuerza, el poder y el ánimo nacieron" Esta debe ser, y no otra, la actitud de todas y cada una de vosotras. Hay mucho camino por recorrer, se han dado pasos muy importantes, pero todavía es necesario unir fuerzas y avanzar más y más. Porque los hombres os necesitamos más que nunca para cambiar esta sociedad.

De la misma forma, Leila Slimani, mujer de cultura y etnia marroquí, nos habla así de la religión musulmana y de todas las demás: "La religión no me interesa, no es mi problema, la religión tiene que ser algo íntimo. Lo que no quiero es que me fastidien a mí en el espacio público. La religión musulmana es más sombría que luminosa, en especial en cuanto a los derechos de las mujeres. Y sucede en todas las religiones, no solo en el islam."

Rosa Montero en su artículo "La loca de la casa" también nos advierte: "Las mujeres vivíamos en un vertiginoso abismo de desigualdad hasta hace muy poco; venimos del infierno de un horror muy cercano que parece habérsenos olvidado y estoy hablando solo del mundo occidental, porque en las dos terceras partes del planeta la mujer sigue siendo un ser carente de derechos."

Y Jean Christophe Rufin en su novela "El abisinio" define así la situación de la mujer en el mundo musulmán: "El concepto de honor convierte a la mujer en esclava del hombre que se ha apropiado de su honra."

3.4.4.4.- Situación actual de la mujer en el Norte de África

A.- La mujer en Marruecos

Podemos considerar a Marruecos como el país musulmán más avanzado en esta materia ya que Mohamed VI reconoció hace 20 años el derecho de las mujeres para solicitar por sí mismas el divorcio, aunque su aplicación práctica se vio desvirtuada por la tradición conservadora religiosa de Marruecos y el año 2024 Mohamed VI ha anunciado una reforma del Código de Familia tras un arbitraje encomendado al dictamen de los ulemas o doctores de la religión islámica y de la sociedad civil laica, con los siguientes principios:

1.- Se mantiene en vigor la poligamia hasta 4 esposas, aunque limitada a la autorización de la primera esposa y a su infertilidad o imposibilidad de tener hijos. Se requiere el reconocimiento médico de su infertilidad o de la existencia de una enfermedad que impida las relaciones conyugales u otras causas que el juez acepte. La mujer también puede ahora consignar su veto explícito a la poligamia en las capitulaciones de la boda.

2.- Las bodas con niñas quedan formalmente prohibidas, aunque los jueces podrán seguir autorizando casos de matrimonios con menores.

3.- Se protege el derecho de las mujeres a heredar, garantizando que la vivienda familiar permanezca en manos del cónyuge sobreviviente, habitualmente la esposa. Aunque respecto a los demás bienes, persiste la reducción a la mitad de la cuantía de los bienes legados a las hijas sobre lo legado a los hijos.

4.- La edad mínima del matrimonio se eleva de 16 a 18 años.

5.- Se mantiene la custodia y la tutela legal de sus hijos por parte de la madre divorciada, incluso en caso de nuevo matrimonio.

B.- La mujer en Argelia

El Código de Familia de mayo de 1984 promulgado por el F.L.N. consagró la minoría civil perpetua de la mujer siempre bajo la tutela masculina en educación, trabajo, matrimonio, divorcio y herencia, La mujer debe obediencia al hombre, padre o tutor, mientras que es soltera y al marido cuando se casa, quien puede impedirle el derecho a su formación y al trabajo.

El hombre puede repudiar a la mujer y quedarse con los niños. La mujer puede pedir el divorcio compensando a su marido económicamente, pero perdiendo siempre la guardia y tutela de los hijos y la vivienda.

En cuanto a la herencia se aplica literalmente la ley islámica o sharía, recibiendo el hombre el doble que la mujer.

3.4.4.5.- Los migrantes y las mujeres

Los migrantes musulmanes que llegan a Europa han caminado miles de kilómetros con sus pies, pero todavía tienen que caminar otros miles de kilómetros con sus cabezas. Se trata de hombres jóvenes que, comprensiblemente, huyen de las penurias económicas con la esperanza de poder llevar aquí una vida mejor. Proceden de culturas y países donde las mujeres carecen de derechos legales y la violencia contra niños y mujeres es la norma.

El verdadero problema de estos varones musulmanes reside en su negativa tenaz a tolerar que sus mujeres e hijas ejerzan los mismos derechos que ellos. Para demasiados de entre ellos la única costumbre musulmana no respetada en Occidente es la discriminación y represión sistemática de sus propias mujeres. Sencillamente, ellos tienden a no aceptar que las mujeres posean voluntad propia o derecho a decidir por sí mismas.

Pero si no están dispuestos a admitir la igualdad de derechos y la libertad política y social, incluso sexual, de sus esposas e hijas, tampoco deben tener derecho a instalarse aquí con sus familias y mucho menos a solicitar la ciudadanía. Son libres de sentirse molestos en otra parte.

Vienen y sienten frustración, lo tienen más difícil de lo que pensaban. Y ven que las mujeres a las que desprecian, que se supone que están por debajo de ellos, se atreven a salir por la noche. Eso no les gusta. Tampoco en sus países, donde encierran a sus mujeres en casas sin ventanas o bajo vestiduras que ocultan sus formas para, según ellos, evitar la tentación masculina.

3.4.4.6.- La realidad femenina según una mujer musulmana "avanzada"

Najat El Hachmi en el artículo "Se traspasa género" (El País 19.05.23) nos da su versión sobre la situación de la mujer en la sociedad musulmana del siglo XXI y lo que para tantas mujeres significa la feminidad:

Para muchas de nosotras:
- Limpiar y cocinar gratis
- Cambiar pañales y preparar papillas
- Parir un hijo de tras de otro
- Servir al marido
- Cuidar ancianos y discapacitados, etc.

Y todavía en muchos países:
- Las tareas más ingratas con salarios miserables
- No cotizar y acabar con una pensión de mierda
- Que te casen cuando eres niña
- Que te encierren en casa de por vida
- Que te tapen de arriba abajo
- Que te mutilen para que no tengas nunca un orgasmo
- Que te viole cada noche un desconocido
- Compartir esposo con otras mujeres
- Que te embaracen, paras y luego te roben los hijos
- Que te penetren todos los días decenas de desconocidos
- Que te exhiban en videos en los que te agreden, escupen, vejan
- Trabajar como una esclava en cualquier maquila
- Ser la primera víctima de cualquier guerra
- Comer menos en todas partes
- Ser la desheredada por ley
- Ascender menos académica y laboralmente

Y añade: "Todo esto es el género que ahora ellos defienden como identidad y que a nosotras se nos ha impuesto desde pequeñas para convertirnos en infrahumanos, en una categoría que no llega al nivel de dignidad que los hombres se quedaron para sí, el tupido entramado de elementos que han usado para someternos. Si ahora ellos quieren encarnar la feminidad que se inventaron, que lo hagan, que se queden con todo el género. Se lo traspasamos todo y así nosotras podemos dedicarnos a ser, por fin, personas".

3.4.4.7.- La violación en la cultura musulmana

En general dentro de la cultura musulmana la violación es un delito que se considera como tal solamente cuando un hombre haya violado a una mujer casada o virgen no emancipada, y siempre cuando la mujer haya estado cumpliendo a rajatabla las normas sociales musulmanas, tales como el uso del hiyab (velo) y el ir por la calle siempre acompañada de una persona de sexo masculino, que generalmente debe ser su padre o su hermano.

Dentro del sistema tradicional de los países musulmanes, es la mujer quien debe demostrar su inocencia en un caso de violación, siendo irrelevante el hecho de que ella sea la víctima del delito. El sistema exige que la mujer demuestre su inocencia presentando cuatro testigos masculinos presenciales del acto de violación que declaren a su favor.

La violación dentro del sistema de los países islámicos está penada con la lapidación del hombre que se demuestre ha violado a una mujer casada o virgen no emancipada en las circunstancias arriba expuestas, aplicándose también castigo a la mujer considerada "culpable" de haber incitado al hombre a que la viole, el cual puede ser desde la flagelación hasta la lapidación. No se castiga la violación como el acto en sí, de la forma en la que se la conoce en Occidente, sino más bien como un castigo a una figura que se parece al adulterio.

La falla en proveer la evidencia de los cuatro testigos masculinos presenciales es tratada como un crimen o una acusación falsa, punible con latigazos. En la actualidad, es común que a una mujer musulmana que hace una acusación de violación no solo se le niegue justicia, sino que sea procesada por fornicación o adulterio.

3.4.4.8.- La situación en Afganistán en 2025

El gobierno afgano ha decretado que todos los edificios nuevos no podrán tener ventanas abiertas a otras fachadas en las que haya habitaciones ocupadas por mujeres ni a la calle para salvaguardar la privacidad femenina y "evitar tentaciones". Amnistía Internacional ha denunciado que los espacios privados y los hogares se están convirtiendo en campos de vigilancia y sometimiento, prohibiendo incluso a las mujeres asomarse a los balcones o a pintar las ventanas para evitar que cualquier extraño pueda verlas.

El gobierno talibán ya había tomado otras medidas como:

- Cierre de los salones de belleza
- Vetos a la enseñanza secundaria de las niñas
- Cierre del acceso generalizado de ls mujeres al mercado laboral: creciente aislamiento social
- Sólo un número reducida de doctoras y enfermeras están autorizadas a trabajar y solo para atender a mujeres y niñas.

Y recientemente han ordenado a todas las ONG, nacionales y extranjeras, a despedir a todas las afganas en nómina con la amenaza de retirar sus licencias y clausurarlas.

3.4.4.9.- El mundo musulmán visto por Adonis

El pensador y ensayista sirio afincado en Francia Adonis (Así Ahmad Sid Esber) nos habla así del mundo musulmán:

"1.- El Estado Islámico (Daesh) comercia con mujeres, que compra y vende, como si fueran ganado.

2.- Las mujeres han sido y son las primeras víctimas de la tiranía religiosa.

3.- Las dictaduras musulmanas apoyadas por Occidente siguen persiguiendo a las mujeres, que sueñan con un estatuto de ciudadanas libres. Ese apoyo hace un flaco favor a la libertad de las mujeres en particular y a la libertad de los pueblos en general.

4.- El islam ha separado de manera espantosa lo masculino y lo femenino. El hombre domina e impone la ley tiránica. La mujer se convierte en un objeto social, que se usa, se compra, se vende y se tira.

5.- En la religión islámica se institucionaliza, de alguna manera, la relación entre el amo y el esclavo o, mejor dicho, la esclava. La mujer es un sexo mecánico, al servicio del deseo y el placer del hombre.

6.- Daesh: las niñas son las mujeres que se venden más caras, por su virginidad.

7.- El islam: a los asesinos dispuestos a morir matando les promete ir al paraíso donde les esperan montones de vírgenes y esclavas, para que puedan realizar sus fantasías después de muertos. A las mujeres el Corán nada les promete."

3.4.4.10.- Sobre la mutilación genital

Según Nawal Al Saadawi Egipto es el peor país del mundo en mutilación genital. Ella nos comenta: "Hay que movilizar a la gente, educarla y lograr una auténtica revolución en la educación. Las mujeres mutiladas sabemos que el primer órgano sexual del cuerpo es el cerebro. He alcanzado orgasmos en mi mente; en mis matrimonios, jamás".

3.5.- LA MUJER EN CHINA

3.5.1.- Antiguas Dinastías

A.- Dinastía Zhou (1046 a 256 a.C.)
Era decididamente patriarcal, con roles sociales femenino y masculino, determinados por una estricta jerarquía feudal. El lugar propio de la mujer estaba en el interior del domicilio y el del hombre en el exterior. Las fuentes escritas indican que se confinaba cada vez más a las mujeres. Hasta los 9 años una niña noble podía recibir la misma educación que un niño, pero a los 10 las niñas estudiaban las Tres Obediencias (primero al padre, segundo a su marido y después a sus hijos tras la muerte del marido) y las Cuatro Virtudes: la bondad amorosa, la compasión, la alegría altruista y la ecuanimidad.

B.- Período de los Reinos Combatientes (476 a 221 a.C.)
Los estados feudales se hicieron cada vez más independientes y poderosos por derecho propio y se enfatizó la inferioridad de la mujer frente a los hombres.

C.- Dinastía Qin (221-206 a.C.)
Las enseñanzas confucianas apoyaban la patrilinealidad y la patrilocalidad (la mujer iba a la casa del marido).

D.- Dinastía Han a Dinastía Sui (206 a.C. a 618 d.C.)
Las enseñanzas confucianas dictaban que el hijo debía ser criado por la familia paterna. Un hijo recibía una parte de la propiedad familiar al alcanzar la mayoría de edad, salvo en las familias más pobres. Tanto los hombres como las mujeres debían pagar impuestos. En 604 d.C. el emperador Yang de Sui modificó el sistema para que sólo los varones pudieran tener propiedades y pagar impuestos por éstas.

E.- Dinastía Tang (618-907)

Fue la edad de oro de las mujeres, dado que varias mujeres gobernaron el Imperio Tang (emperatriz Wei, princesa Taiping, etc.). La princesa Pingyang , hija del primer emperador Tang, dirigió un ejército de 70.000 soldados para ayudar a la campaña de su padre. Las princesas también actuaban como embajadoras y diplomáticas de los Tang ante las cortes con las que se casaban.

Pero la época Tang también se caracterizó por una creciente percepción de la mujer como mercancía. Cualquier hombre con medios podía tener una esposa y podía comprar una o varias concubinas que debían servir a la esposa a modo de criada y sus hijos, a la muerte del marido, carecían de derecho alguno a la propiedad. Incluso había maridos que vendían a sus mujeres a los burdeles, donde eran empleadas para cantar, conversar y entretener a los clientes.

Muchas mujeres eran cultas y escribían poesías y también solían dedicarse al comercio, tejer, criar gusanos de seda, cantar, bailar, hacer acrobacias, contar cuentos y ser secretarias de funcionarios.

El sistema de impuestos Tang calculaba la cantidad adeudada al Estado por cada varón adulto, mientras que a las mujeres no se les cobraba ningún impuesto.

F.- Dinastía Song (960-1279)

El neoconfucionismo condujo a un declive de estatus de la mujer, las restricciones impuestas a las mujeres se acentuaron, y la separación se extendió a la vida familiar llevando a las mujeres al interior y a los hombres al exterior. Las mujeres no podían salir de sus casas a partir de los 10 años y no debían discutir los asuntos de los hombres en el exterior.

Zhu Xi fue acusado de creer en la inferioridad de la mujer y se consideraba impropio casarse con una viuda, lo que provocó penurias y soledad a muchas viudas. Los neoconfucianos fueron en parte responsables de tales cambios. Las prácticas familiares en todo China se estandarizaron mediante leyes estatales patriarcales. El vendado de pies se hizo popular entre la élite, extendiéndose después a otras clases sociales. La creciente popularidad de su práctica condujo al declive del arte de la danza entre las mujeres.

G.- Dinastía Yuan (1271-1368)

El papel de la mujer en la dinastía Yuan, gobernada por los mongoles, es objeto de diversos debates. Las mujeres mongolas tenían más poder que las mujeres de la China contemporánea, pero sin embargo, la sociedad mongola también era esencialmente patriarcal y, por lo general, se esperaba que la mujer sólo sirviera a su marido y a su familia.

Entre los mongoles era común el levirato, en el que un hombre se casaba con la mujer de su hermano fallecido, pero esta práctica era mal vista por los chinos Han. En esa época las mujeres eran despojadas de sus derechos de dote y perdían sus propiedades si abandonaban al primer marido.

H.- Dinastía Ming (1368-1644)

Durante esta dinastía las viudas castas fueron elevadas al papel de héroes culturales. La castidad de las viudas se hizo cada vez más común y la castidad se asoció con el suicidio, aumentando drásticamente los suicidios de viudas durante la era Ming.

La autoridad Ming empezó a premiar la castidad de las viudas y a las que se volvían a casar se les confiscaba la dote y los bienes de sus maridos.

I.- Dinastía Qing (1644-1912)

La posición social de la mujer durante la dinastía Qing se ha descrito como sujeta a los principios confucianos de patrilocalidad, patrilinealidad, exogamia aldeana (matrimonio con persona de otra tribu), economía agraria y división del trabajo en función de género.

Las mujeres no tenían derechos legales de propiedad, salvo en relación con sus dotes, y se limitaban a trabajos dentro del hogar, como tejer. La práctica común del vendado de pies impedía a las mujeres estar de pie o caminar.

Como en períodos anteriores, se esperaba que las mujeres acataran las Tres Obediencias. Los nombres de pila de las mujeres generalmente se desconocen; se les llamaba "la esposa de…" o "la madre de …".

Si una mujer no daba a luz en el transcurso de unos años, el marido solía tomar una concubina. Sin embargo, a diferencia del período Ming, los Qing desalentaron activamente la práctica de que las viudas jóvenes se suicidaran tras la muerte de su marido.

La Ley Qing también otorgaba a los padres autoridad absoluta sobre sus hijas, incluida la capacidad de matarlas por comportamientos que considerasen vergonzosos, pero sin embargo, un hombre tenía prohibido vender a esposas, concubinas o hijas solteras.

A finales de la Dinastía Qing, la emperatriz viuda Cixi ocupó efectivamente el puesto de soberana de China gobernando 47 años (de 1861 a 1908) desde detrás del trono de los emperadores que se instalaron como testaferros y promulgó en 1902 un edicto contra el vendado de pies, pero pronto fue anulado. Su práctica no comenzó a desaparecer hasta el inicio de la República de China.

Como resumen histórico, la mujer china tenía que ser callada, obediente, modesta, siempre de punta en blanco, despierta ya al alba para cocinar para la familia, comer poco, etc.

3.5.2.- Desde la República

A.- 1911- 1949

Partimos del confucionismo que, como doctrina, invitaba a aceptar tu lugar en el mundo, ayudando a bloquear los intentos de cambiar esta situación. Entre 1911 y 1912 se produjo en China una revolución nacionalista que acabó con el imperio e instauró la república. Se aprobó un Código de Familia que impedía arreglar matrimonios o vender a las hijas. Se prohibió también el vendado de pies y hacia 1930 se proclamó la igualdad legal en temas como el acceso a la propiedad. En 1927 estalló una guerra civil que no terminó hasta 1949.

B.- 1949 – 1979

El triunfo del comunismo en China dio un gran impulso a los derechos de las mujeres. El proyecto de Mao era, por lo menos en teoría, igualitarista y ambicionaba la emancipación de las mujeres.

Se legisló sobre el matrimonio y el divorcio para que se produjeran en condiciones de igualdad, con una Ley Matrimonial de 1950, modificada en 1980 para prohibir prácticas que seguían dándose en zonas rurales como el pago por novia, el excrex (donación de un cónyuge a otro), que todavía no ha desaparecido en zonas remotas.

Se prohibió el concubinato y la práctica de tener una segunda mujer, común entre la aristocracia pudiente, aunque ahora sigue siendo habitual entre señores ricos. El comunismo legalizó el aborto y promovió la incorporación de la mujer al trabajo, que sigue siendo muy alta a día de hoy.

C.- 1979 en adelante

Se decidió una política radical que todos conocemos, que es la famosa política del hijo único, que obligaba a todos los chinos de la etnia HAN, aunque no a otras. Se suponía que ello favorecería la emancipación de la mujer quien ya no tendría que dedicar tanto tiempo ni dinero a la crianza. Para empezar, fue clasista, porque los ricos y la gente con poder podía permitirse pagar las multas por tener más hijos.

Aumentaron fenómenos terribles como el aborto selectivo, el infanticidio femenino o el abandono de niñas. El Gobierno chino hacinó en orfanatos a las criaturas y las dio masivamente en adopción a matrimonios occidentales de forma corrupta.

D.- China hoy

Actualmente hay 33 millones más de hombres que de mujeres en China y ahora hay mucha población anciana y poca población joven para reemplazarla laboralmente y sostener el sistema.

Un concepto peligroso es el de "mujeres sobrantes", mujeres de más de 25-27 años que no están casadas y no han tenido hijos. Los medios de comunicación se dedican a estigmatizar a estas mujeres y meterles presión para que se casen y formen familia.

Está muy interiorizado en la sociedad china que la mujer debe casarse hacia arriba y el hombre hacia abajo. Es decir, las mujeres deben casarse con hombres de mayor estatus, lo que refuerza esa posición de sometimiento al marido, y viceversa. Se está dando cada vez más el fenómeno del matrimonio con extranjeros.

Incluso para el aborto se ponen más trabas a mujeres solteras o sin criaturas que a las que ya tienen hijos. Y se ha aprobado una nueva ley que intenta dificultar un poco más el divorcio y que obliga a un período de "enfriamiento" de 30 días después de solicitarlo hasta que se pueda hacer efectivo.

E- ¿La mujer en el poder?

Las mujeres son el 24,9% en la Asamblea Nacional y menos del 10% entre los altos cargos del país. Y solo hay una mujer entre los 25 miembros del Politburó, que es el principal órgano directivo del PCCh.

Sólo el 17,5% de las empresas chinas son dirigidas por mujeres.

Pero hay que tener en cuenta que China es el sexto país más igualitario del mundo en cuanto a salarios percibidos por trabajos similares.

4.- LA MUJER VISTA POR LA MUJER

4.1.- Sobre la imagen de la mujer

La primera pregunta que debemos plantearnos en esta reflexión es ¿Por qué la belleza de la mujer ha tenido en todas las épocas de la Historia tanta importancia y ha sido tan valorada y, sin embargo, tan poco sabemos de la belleza del hombre o de los hombres que han capitaneado esa misma Historia?

De las características físicas de los hombres apenas se habla y, quizás como excepción que confirma la regla, si se ha hablado de la baja estatura de Napoleón. Sobre la influencia de la belleza en las personas del otro sexo me gusta la exposición que Rosa Montero nos hace en su novela "La hija del caníbal": "Las mujeres y hombres guapos suelen parecer criaturas especiales con una frecuencia sorprendente, mientras que los feos tienen que sudar tinta para demostrar sus cualidades. Tendemos a atribuir a la belleza virtudes ajenas a lo meramente físico, como si los seres hermosos en la carne tuvieran que serlo también en el espíritu. Y así del guapo no solemos decir que es guapo sino justamente todo lo demás, que inteligente, que elegante, qué estilo, qué serenidad, qué simpatía, qué bondad."

Y, sin embargo, cuando los hombres hablamos de la guapa nunca hacemos mención a su inteligencia o simpatía, sino con absoluta simpleza a su atracción sexual, como si se redujera a cualquier objeto lujoso cuyo verdadero valor es "su precio". Lo aquí expuesto es fruto de una cultura machista en la que sexualiza y cosifica a la mujer, como se ha hecho durante miles de años.

Hay un inmenso trabajo por delante para conseguir que los hombres seamos más conscientes de nuestras propias tendencias de dominación, fruto de las tres leyes de la naturaleza humana, y avancemos en el "CAMINO DE LA IGUALDAD".

En este camino que tenemos por recorrer un paso muy importante se alcanzará cuando seamos capaces de hablar de las mujeres con más objetividad y respeto como personas con la misma inteligencia y capacidades que los hombres. Pero hay que tener también en cuenta que las mujeres siempre son conscientes de ese poder de atracción que ejercen, como lo expresa Mary Higgins Clark en "Escondidos en las sombras": "Como si estuvieran hechas para decirle a quien ellas quisieran "ven".

Ahora ya sabemos que la belleza de la mujer solo se ve con los ojos del deseo del macho y, sin embargo, la belleza del hombre ha de aportar otros valores para que sea realmente atractiva para una mujer. Pero debemos preguntarnos ¿Basta con la belleza para tener éxito en el difícil camino de la convivencia con el otro sexo?

Colette Davenat, en su novela "La favorita del inca" nos lo expone así: "Para una joven de origen modesto no había más que un modo de elevarse: la imagen que ofrece una mujer es su patrimonio. Es ahí donde intervienen sus cualidades potenciales, sin las cuales esa mujer sólo existirá como objeto; y uno se cansa de los objetos, los tira, los rompe. La belleza no es tema frívolo, pero solamente ayuda a entrar, el resto se consigue con voluntad e inteligencia."

Y Carmen Posadas en un artículo de El País se expresa de la siguiente forma: "La belleza sirve para adelantar quince días de ruegos, de búsqueda, de convencer a los demás. La belleza es el camino más corto hacia el alma del contrario, pero es necesario saber manejarla con cabeza. Al fin y al cabo, es un arma y, como toda arma, depende muy mucho de la destreza de quien la use."

Y Marguerite Yourcenar en su obra "¿Qué? La eternidad" nos lo explica muy bien: "Pero su belleza, una elegancia innata para arreglarse y en todo su porte y que, cosa rara, iba acompañada de discreción y de dulzura que nadie espera encontrar (sin que haya para ello razones, por lo demás sino en una fea), hacen que la gente la aprecie y la ame."

Sin embargo, la belleza no es eterna y casi siempre se disipa antes de lo deseado y, tal como lo expone Hillary Mantel en su obra "La sombra de la guillotina": "La vida había dejado de ser divertida. Había llegado a un punto en que las mujeres la miraban con simpatía y los hombres la observaban como si fuera un viejo sofá."

Y ello es un hecho irremediable y que siempre sucede limitando el valor de la belleza a su justo precio temporal, hasta llegar a considerar fríamente que hacen falta otros valores, igual que en el caso del hombre, para conseguir que la vida de una mujer sea satisfactoria no solo para ella misma sino para los compañeros y compañeras de viaje que le toquen en la ruleta de la vida.

Basta con recordar a Marguerite Yourcenar en su obra "El denario del sueño": "Mis recuerdos... mi mujer era una excelente mujer, la mejor de las mujeres y bonita, para empezar. Y la bella que empieza a envejecer, que se vuelve exigente. El carácter de ella se enranciaba de día en día. Los defectos de ella, al envejecer, habían aumentado y con quien uno tenía tantas ganas de hacer el amor como con una catequista." Mensaje para mujeres y hombres: la belleza es un valor, pero nunca suficiente, en la búsqueda del sentido de la vida.

4.2.- Sobre el hombre visto por la mujer

¿Qué busca la mujer en el hombre? Hasta no hace mucho tiempo fundamentalmente la suficiencia económica que le permitiera tener una seguridad que garantizase el futuro de sus hijos. Y la mujer estaba dispuesta a sacrificar incluso su propia felicidad personal por ese fin. Como nos lo dice Katherine Pancol en su novela "Los ojos amarillos de los cocodrilos" sobre el hombre ideal para la mujer: "Philippe es un hombre al que constantemente las mujeres hacen guiños: hermoso, brillante, forrado. Los tres pilares..." Y este ideal no es de hace cuatro siglos, sino que aún está interiorizado en el alma de un gran porcentaje de las mujeres del siglo XXI y, sobre todo, en las madres de estas mujeres.

Como nos lo expone Rosa Montero en su artículo "Ser un machote es muy cansino": "Las mujeres nos hemos pasado la vida observando a los hombres, estudiándolos. Es más habitual que sea así, ya que al subordinado le va la vida en conocer bien al amo. Es una consecuencia del viejo patriarcado. Los varones, por el contrario, apenas nos miran de ese modo". Es el reconocimiento expreso de LA DEPENDENCIA de la mujer respecto al hombre, de la aceptación de una subordinación casi eterna que entre todos estamos intentando romper.

Sin embargo, algo muy importante está cambiando: las mujeres cada día os sentís más capaces, más responsables, más independientes del hombre, fundamentalmente porque cada vez lo necesitáis menos para responder a los retos de vuestra vida futura y de la de vuestros hijos. Pongo como ejemplo mi propio caso: cuando yo me casé el año 1974 lo habitual era que si la chica estaba trabajando recibiera una "dote" de la empresa y dejara de trabajar. Era una costumbre aceptada socialmente y normalizada. Debo añadir que mi esposa también cobró la dote y dejó de trabajar en Firestone, aunque antes de cumplirse los doce meses ya había organizado una academia de inglés y tenía unos alumnos que le permitían tener unos ingresos incluso muy superiores.

Hoy en día, año 2025, esto ha cambiado mucho y a ninguna chica se le ocurriría solicitar la dote de la empresa y dejar de trabajar. La independencia económica es fundamental para ella y para todos. Incluso vuestras formas de expresión están cambiando. Lo leemos en diversas autoras que se expresan con claridad al hablar de su visión del hombre:

Katherine Pancol en la novela ya mencionada nos dice: "Una mujer necesita misterio, distancia. Necesita desear al hombre que le gusta, sentirse intrigada, dudar de su propio poder de seducción." "Un buen chico ese Antoine, algo débil, algo blandengue, uno más que no ha terminado de crecer."

Anaís Nin en su obra "Henry y June habla así: "Los hombres necesitan otras cosas, además de un receptor sexual. Necesitan que se les consuele, arrulle, comprenda, ayude, aliente y escuche."

Henry Loevenbruck en su obra "El testamento de los siglos" pone en los labios de una mujer esta frase referida a los hombres: "¡Qué curiosos son! Basta con que tengan bien alimentado el vientre y lo que cuelga de él para que se sientan felices."

Ana María Matute en el libro "Aranmanoth" nos comenta: "Los hombres no son peores que cualquier otra criatura, como por ejemplo perros, pájaros o gatitos, pero has de saber cuidarte de sus zarpazos o picotazos o mordiscos y para ello es necesario conocer sus costumbres, porque ellos han sido creados y educados para otras cosas y no tienen gran entendimiento, al menos, hacia lo que nosotras sabemos. Por eso, digámoslo de una vez, lo que estamos haciendo únicamente es llevar a cabo otro aprendizaje paralelo al suyo, con distintas armas y otros medios para hacer posible nuestra convivencia."

Ninguna de ellas nos habla de dependencia sino de convivencia y son plenamente conscientes de que la mayoría de los hombres son bastante menos capaces e inteligentes que sus propias mujeres y que, por ello, son ellas quienes tienen que marcar las normas de convivencia y de entendimiento. Y sobre todo, mirando desde nuestro lado masculino, tenemos mucho que aprender de vosotras, pero para ello sois vosotras las primeras que debéis conoceros y conocernos.

Hoy día la mayoría de las mujeres sois plenamente conscientes de que el marido no es lo mismo que la familia formada por los padres, los hermanos y los hijos. Un marido es otra cosa que se puede sustituir mientras la familia es absolutamente insustituible, algo que nadie puede cambiar.

Y la lealtad en la pareja, tal como nos lo expone Julia Navarro en su novela "Historia de un canalla", "consiste en eso, en no engañar y, además, en no fallar a quien te quiere, en no humillarle, en devolver lo mismo que recibes. Y termino con una frase maravillosa de Isabel

Allende en una entrevista de El País: "Cuando yo siento que se acabó el cariño, el respeto y la admiración, ya está. Chao". Muchas gracias a todas estas autoras que nos enseñan un camino que tanto vosotras como nosotros hemos de recorrer.

4.3.-Sobre la convivencia con el hombre

4.3.1.- Sobre el entendimiento entre mujer y hombre

Anaís Nin en su obra Henry y June nos increpa con estas palabras: "¿Por qué hay que resignarse a que la vida de la mujer sea siempre derivativa, en el sentido que la profesión del hombre crea el lugar, el marco, al ambiente, el modelo de vida?" Y estoy totalmente de acuerdo con ella.

Siguiendo con lo expuesto en el capítulo anterior, vamos a ir avanzando en cómo veo yo en este año 2025 que debiera ser la convivencia entre vosotras y nosotros y empiezo con un estudio hecho por George Friedman en su ensayo "Los próximos cien años": "El matrimonio ya no está impuesto por razones económicas y lo que hoy día mantiene unidos a los matrimonios no es tanto la necesidad como el amor. Y el problema con el amor es que puede ser veleidoso. Va y viene. La disminución de la necesidad económica elimina una potente fuerza estabilizadora en los matrimonios. El amor puede durar y con frecuencia es así, pero por sí solo es menos poderoso que la necesidad económica."

Que viene a confirmar a Isabel Allende en su novela "Retrato en sepia": "El amor es un contrato libre que se inicia con un chispazo y puede acabar del mismo modo. Mil peligros lo amenazan y si la pareja lo defiende, puede salvarse, crecer como un árbol y dar sombra y frutos, pero eso solo es posible si ambos participan."

Rosa Montero en "La hija del caníbal" nos dice: "Convivir es ceder, es negociar con otro, pagando siempre un precio, los minutos y los rincones de tu vida. Esa entrega de tus derechos cotidianos se hace por supuesto a cambio de algo: cobijo, cariño, compañía, sexo, diversión, complicidad. Pero cuando la pareja se deteriora, el negocio de la convivencia comienza a ser ruinoso. Una pareja aburrida es como una posada incómoda con demasiados huéspedes."

O Katherine Pancol: "Felices las parejas que discuten. Todo es más fácil después de una buena pelea. Se desgañitan, se agotan y se echan en los brazos el uno del otro. Sin embargo, ellos solo conocían el silencio, la frialdad, la ironía hiriente que escarbaba día a día la separación cierta. Cuando está en juego la supervivencia de la pareja más valen dos buenas mentiras que dos verdades malvadas.

Diles lo que son: los hombres son niños grandes que son llevados de aquí para allá agitando una zanahoria. Me da lo mismo que sea gordo y feo, es mi hombre, mi bola de arcilla a la que amar, con quien reír, a la que moldear, con quien sufrir y lo se todo de él, puedo describirlo con los ojos cerrados, adivinar sus palabras, leer su pensamiento".

4.3.2.- Sobre la ruptura matrimonial

Marguerite Yourcenar en su obra "¿Qué? La eternidad" nos advierte: "Las primeras fisuras, casi imperceptibles, son muy anteriores a la unión de los cuerpos. Se trata menos de la carne (que, al contrario, por lo menos de momento, los acerca) que de esa materia mal conocida que llaman alma. ¿Es posible que tantos filósofos y poetas hayan hablado de la misma sin haber alcanzado siquiera sus fronteras?"

Y Katherine Pancol también: "Ya no podía soportarla. Ya no soportaba su tono de maestra de escuela, siempre con algo que reprocharme, diciéndome lo que tenía que hacer, cómo hacerlo."

Rosa Montero en "La hija del caníbal" hace otro planteamiento: "Así comprendí por qué no me había separado de mi marido: aunque me aburriera con él, aunque me exasperara, él era el aliento animal de mi guarida, el cobijo elemental del otro de tu especie, unos ojos que te ven y una presencia cómplice frente al terror de la intemperie, frente a ese mundo exterior lleno de tormentas, violentos huracanes y cataclismos. Entonces, la soledad me daba pánico."

4.3.3.- El matrimonio en Oriente

Sin embargo, aún hay culturas y religiones cuyos planteamientos ante el matrimonio siguen anclados en una situación similar a la de la Edad Media europea. Kenizé Mourad en su novela "Un jardín en Baldapur" nos expone: "Para los orientales un matrimonio por amor es algo incongruente y hasta una contradicción: el matrimonio es un contrato legal formalizado entre dos familias, dos fortunas, dos posiciones y constituye la base de la estructura social, la cual no podría depender de una emoción tan volátil e incontrolable como el amor. Al matrimonio por amor se le considera una invención reciente de Occidente y se considera una cosa absurda. El amor es una noción occidental: lo importante es que mi padre estuviera ligado a ella. Y para eso le dio tres hijos".

Recordemos que el mundo es amplio y la cultura y la educación en pensamiento crítico está aún en pañales.

4.4.- Sobre la búsqueda de identidad

4.4.1.- Lo que nunca deben aceptar las mujeres

Como bien lo expone Katherine Pancol en su novela "Los ojos amarillos de los cocodrilos": "Eso de "mujer de..." no es una profesión. El día que te deje o terminéis vuestra relación, no te quedarán más que las bragas para llorar."

Los tiempos cambian y lo que para una mujer de mediados del siglo XX podía resultar un verdadero éxito, como lo era en aquella época casarse con un triunfador económico o político, y seguir siendo "la mujer de…" toda la vida, en la tercera decena del siglo XXI resulta un tremendo desatino, aunque todavía muy atractivo para chicas jóvenes y hermosas y numerosas madres que utilizaron tal criterio en su juventud.

Recuerdo aún a una chica cuyo único y preciso objetivo era liarse con una persona con título superior y que lo consiguió casándose con un médico. Con mentalidad similar los estudiantes de los años 60 y 70 del siglo XX éramos más reconocidos en ciertos círculos de amistades femeninas por "la carrera que estábamos estudiando" que por nuestras propias capacidades o caracteres.

La relación entre hombre y mujer e igualmente la relación entre mujer y hombre debe ser una relación entre iguales y, por tanto, ni uno debe depender de la otra ni viceversa. Cualquier relación de dominación, como lo ha sido la del hombre sobre la mujer durante milenios, fundada en el 99% de los casos por la dependencia económica, no puede sino crear un inmenso complejo de inferioridad en la mujer y, por tanto, de dependencia e inseguridad que le han llevado casi siempre a una posición cercana al esclavismo y a la falta de respeto por sí misma.

4.4.2.- Sobre la reacción

Sois vosotras las que necesitáis plantearos la forma de superar una situación que os ha sido de obligada aceptación durante tanto tiempo y también somos nosotros quienes debemos aceptar que sois mucho más que compañeras de viaje en esta vida, que sois parte fundamental "sine qua non" para obtener el éxito verdadero y la felicidad mutua.

Ambas partes hemos de reaccionar pronto y con la entereza necesaria para analizar con objetividad, comprender y aceptar la nueva realidad que la independencia de la mujer acarreará a esta sociedad del siglo XXI. Pero sois vosotras quienes debéis marcar el camino hacia vuestra nueva identidad.

Admiro la novela de Katherine Pancol porque parece hablar en nombre de todas vosotras al decir: "Escúchame bien, nunca más volveré a ser el pajarito perdido al borde del camino al que tu das lecciones y pones en el buen camino. Soy una mujer madura y respetable y te lo voy a demostrar (la hija a su madre). Estoy harta, sabes, de tener que justificarme todo el tiempo ante toda esa gente que cree que soy blandengue y lela..." Y esas mismas palabras hay que decírselas al marido, al novio y a toda persona que se cruce en vuestro camino.

Hillary Mantel en su obra "La sombra de la guillotina" se expresa de diferente manera, pero nos viene a dar el mismo mensaje: "Conozco el lugar asignado a la mujer, pero deseo conquistar el respeto de los hombres. Deseo su respeto y su aprobación. Yo también hago planes, razono y tengo mis propias ideas."

4.4.3.- Sobre la búsqueda de la propia identidad

Kristin Hanna en su obra "El ruiseñor" se pregunta: "¿Por qué era tan fácil en los hombres hacer en la vida lo que quisieran y, en cambio, era tan difícil para las mujeres?" No estoy muy de acuerdo con la visión de Kristin en cuanto a que los hombres lo tengamos tan fácil, pero sí en que siempre lo hemos tenido mucho más fácil que vosotras, las mujeres.

Entre nosotros, como entre vosotras, somos todos diferentes y unos tenemos más carácter y otros menos, unos sabemos bastante bien lo que esperamos de la vida y la inmensa mayoría no, unos optamos por el camino difícil del crecimiento y desarrollo personal y los más siguen los caminos trillados y fáciles de andar tras otros a los que ellos consideran más hábiles o capaces.

Carmen Alborch en su obra "Malas" nos comenta: "Los hombres buscan su identidad intentando diferenciarse de los demás y desean ansiosamente la distancia. Las mujeres buscan su identidad a través de la conexión con los otros y anhelan, por tanto, la proximidad afectiva."

Estoy de acuerdo con su opinión sobre los hombres, porque si quieres ser alguien siempre es condición imprescindible romper con los criterios de la mayoría que se mueve al son del viento que más sopla, buscando el camino fácil y sin riesgos. Sin embargo, no le entiendo tan bien cuando habla de vosotras.

¿Acaso quiere decir que priorizáis la proximidad afectiva al propio desarrollo profesional como persona? ¿Qué os contentáis con estar bien relacionadas?

¿No supone ello una huida, una dejación de responsabilidad que en el siglo XXI no podéis permitiros si queréis tener los mismos derechos y responsabilidades del hombre del siglo XXI?

No me atrevo a opinar y os lo dejo a vuestro criterio, ya que seguro que es más acertado que el mío. Sin embargo, si entiendo a la escritora Katherine Neville, quien en su obra "El ocho" nos dice: "Ser la primera mujer en algo no es una ganga. Tienes que aceptar las tomaduras de pelo, las risitas y el escrutinio al que someten tus piernas. También te ves obligada a aceptar que debes trabajar más que nadie y a cobrar un sueldo inferior."

Pero éste es precisamente el reto: salir de vuestra zona de confort, y hay muchas de entre vosotras que lo están haciendo de una manera asombrosamente magnífica, y empezar a subir la durísima cuesta de la emancipación femenina, que no supone otra cosa que la búsqueda de vuestra verdadera y nueva identidad en un mundo hasta ahora dominado por los hombres, muchos de los cuales se opondrán directamente y otros muchos subrepticiamente, aunque os sonrían.

Como nos lo recuerda Carmen Alborch en su obra "Malas": "La necesidad de supervivencia es lo que ha ligado siempre a las mujeres a los valores más conservadores." "El miedo es el peor enemigo de las mujeres y no es casual que nos hayan enseñado a temer." Y estoy de acuerdo con ella, porque incluso en este siglo XXI demasiadas de entre vosotras seguís confundiendo ambos conceptos y no llegáis a comprender que debéis innovar para avanzar ya que los valores más conservadores ya son propiedad precisamente de los "hombres fuertes" de la extrema derecha, quienes son los más feroces enemigos de la emancipación femenina.

Como ya comento al hablar de las tres leyes de la naturaleza humana, la Ley de la Supervivencia nos lleva al egoísmo, la Ley de la Fuerza al abuso sobre el débil y la Ley de la Insatisfacción Permanente a desear tener más y más y nunca saciarnos. Estas mismas leyes hicieron que el hombre dominase a la mujer y la cosificara, como aún pasa entre más de la mitad de la población mundial. La dependencia, el conservadurismo y el miedo han servido para mantener esa situación durante milenios.

El camino cuesta arriba va a ser muy duro y con muchas trampas allí donde menos esperéis. No confiéis en los hombres porque a la mayoría no les va a gustar en absoluto perder cotas de poder que hasta ayer mismo tenían aseguradas. Pero debéis vencer el miedo a perder, porque si vosotras no exigís lo vuestro, nadie os lo regalará.

4.5.-Mujer contra mujer

Pero ¡Mucho cuidado! Tenéis un enemigo despiadado que puede llegar a ser el peor de todos los que encontréis en vuestro camino. ¡Y sois vosotras las que lo decís y las que debéis descubrirlo, quitar la máscara y mostrar su cruda realidad!

Carmen Alborch lo expone en su obra "Malas": "Aprendemos a competir entre nosotras, a devaluarnos y a crearnos inseguridad. Y resulta bastante complicado que una mujer admire a otra mujer, que prescinda de esa mirada hipercrítica y comparativa que arroja sobre las otras. Son muchas las que, por contradictorio que parezca, sienten prejuicios contra el propio sexo femenino. Parece que hayamos interiorizado aquello de que el valor de una mujer está en relación con la desvalorización de las demás mujeres. Para valorar a una mujer hay que descalificar a otra. Dependemos así del valor que nos confieren los hombres. Efecto perverso: desvalorización de las mujeres por las propias mujeres."

Nos da una versión cruel sobre el mundo femenino en el que parece manifestarse una competencia durísima orientada a destruir a potenciales contrincantes. Nunca puede ser esa la posición de la mujer con respecto a la guerra de sexos que se avecina y que será siempre ganada por su eterno vencedor, el hombre, si las mujeres están divididas y priorizan la caída de otras mujeres antes de aceptar su superioridad o competencia.

Como bien lo expone Carmen, el efecto perverso que ello puede generar siempre irá en contra de los intereses femeninos e incluso de toda la humanidad, mujeres y hombres, si vosotras no llegáis a entender que "la unión hace la fuerza" y que, al menos de momento, estáis en una situación de absoluta inferioridad y además divididas y, por tanto, muy debilitadas.

También hay hombres que han sabido descubrir esta enorme debilidad, como:

Honoré de Balzac en su obra "Eugene Grandet, la comedia humana" nos dice: "Sólo ellas saben censurar a otra mujer con el refinamiento más cruel".

Carlos Ruiz Zafón en su obra "El laberinto de los espíritus" expone: "Nadie sabe leer a otra mujer como otra mujer."

Y Santiago Posteguillo en su obra "La legión perdida" repite: "Toda mujer ha de defenderse de los celos, la envidia y el rencor de las otras mujeres"

Katherine Pancol nos lo expone así: "La mujer juzga sin piedad el físico de otra mujer, nada se le escapa y busca en la otra los signos del declive que ella misma sufre. Resulta gracioso, esa amistad que consiste en no tratar bien a la persona que se quiere, sino en localizar el lugar más doloroso en donde hundir la estaca mortal. Intimidad cruel entre dos mujeres que se juzgaban sin poder pasar la una sin la otra. Amistad a veces malhumorada y a veces tierna, en la que cada una se medía con la otra, dispuesta a morder o a curar la herida, según el estado de ánimo. Rivales mientras tuviesen garras y dientes para morder, unidas si una de ellas empezaba a tambalearse."

Carlos Fuentes en su obra "La silla del águila" nos dice: "Sabes que las mujeres se odian y aprenden a disimular sus odios. Pero los hombres se quieren y aprender a disimular sus simpatías."

¿De dónde procede este odio y deseo de mal? Quiero creer que proviene de los tiempos, todavía no superados entre nosotros, de la competencia femenina feroz por conseguir el mejor marido para toda la vida. Quiero creer que en la tercera decena del siglo XXI las mujeres vivís un momento histórico excepcional que ha superado muchas barreras y que sois capaces de luchar juntas y de asociaros en plenitud con quienes desde el otro lado apoyamos vuestra causa.

"IGUALES EN LO DIFERENTE, SOMOS UNO"

4.6.-Armas de mujer

Cuando hablamos de "armas de mujer" nos referimos a aquellas capacidades que parecen ser exclusivas del sexo femenino o que las ha desarrollado la mujer a lo largo de los últimos milenios como adaptaciones necesarias de defensa y ataque con respecto al hombre, natural dominador por la ley de la fuerza. Y entre ellas, sin ningún ánimo exclusivo (por no ser yo mismo más que un hombre ajeno, aunque cercano al mundo femenino) me atrevo a señalar algunas:

4.6.1.- La astucia

La primera es la reconocida intuición femenina, a la que a mí me gusta denominar ASTUCIA, que defino como inteligencia práctica, inteligencia en movimiento. La astucia es una forma de actuar basada en la inteligencia unida a la habilidad necesaria para su utilización práctica en todas las circunstancias y opciones que nos ofrezca la vida. Pero, hay dos formas de entender la astucia:

1.- Astucia positiva: Orientada a beneficiar a uno mismo, pero también a quienes te rodean y a la comunidad. Esta astucia es útil e imprescindible para crear culturas, religiones, empresas y todo tipo de organizaciones, mantenerlas y mejorarlas en el tiempo, evitar deslealtades y traiciones, ser creativo e innovador y obtener resultados positivos, avanzar en la vida mejorándola y creando valor, ayudar a cambiar y mejorar la sociedad, etc.

El valor de estas destrezas que permiten anticiparse a las intenciones ajenas, con toda la potencialidad estratégica que ello implica, es muy alto. Necesitamos la astucia en la época que vivimos, como necesitaban los judíos del maná en la travesía del desierto, porque nuestra «competencia», el pensamiento neoliberal, ya viene utilizando la astucia negativa desde hace mucho tiempo y siempre con el único objetivo de beneficiarse ellos y solo ellos.

La astucia que necesitamos es esta versión positiva, la que lucha por:

a.- Mejorar los tremendos desequilibrios sociales y económicos existentes en el mundo actual´

b.- Reforzar el concepto de «democracia plena y verdadera»

c.- Liberar de forma definitiva a todas las mujeres del mundo

d.- Luchar contra el pensamiento y actuación del neoliberalismo para intentar conseguir un sistema económico y social más igualitario

e.- Volver a congraciarnos con la naturaleza

f.- Crear una sociedad menos desigual, más libre y, por tanto, más justa

Potenciar el conocimiento y la aplicación de la «astucia positiva» en nuestros jóvenes, chicas y chicos, ha de ser asumido por quienes buscamos cambios en una sociedad totalmente controlada por el pensamiento neoliberal y no va a resultar nada fácil.

2.- Astucia negativa: inteligencia práctica orientada a beneficiar exclusivamente a quien la utiliza incluso aunque ello perjudique a otras personas y a la comunidad: es la que potencia una mentalidad agresiva y la utilización del engaño y la fuerza siempre que sean necesarios para conseguir dominar al adversario.

La astucia que se enseña en las universidades y escuelas de negocios controladas por el pensamiento neoliberal es esta astucia que yo llamo negativa, y que ya ha sido utilizada para la eliminación de fronteras al dinero, para la creación de los paraísos fiscales, para aliarse con los países no democráticos consiguiendo que incluso China aceptara su forma de actuar y sus criterios económicos y para aprovecharse de las dudas de los Gobiernos democráticos y la crisis social de 2008 con el único fin de llegar a dominar el mundo financiero al igual que los mundos tecnológico, industrial y logístico-distributivo.

Y en este siglo XXI está infectando las democracias con su apoyo a movimientos de extrema derecha y sus corruptelas con jubilaciones o consejerías bien pagadas para los políticos influyentes, socavando el poder de los Gobiernos democráticos y tendiendo a convertirlos en títeres en sus manos.

Debemos partir de una idea básica: los seres humanos somos egoístas. Si mi vecino es egoísta, si mi empleado es egoísta, si mi competencia es egoísta, lo lógico es que, si conoce mis proyectos o mis ideas, utilice su astucia negativa e intente copiarlas, arrebatarlas o, en todo caso, aprovecharse de ellas. En la vida empresarial, como en la política e incluso en la vida social, la astucia es fundamental. El neoliberalismo utiliza la astucia negativa y es no solo nuestro derecho, sino incluso nuestra imperiosa necesidad y obligación oponernos a ella con la aplicación de la astucia positiva. Y la lucha va a ser dura, muy dura.

1.3.- Astucia de mujer: A esta habilidad femenina algunos lo llaman instinto, pero en realidad no es más que una gran intuición y una habilidad superior para la astucia. La mayoría de las mujeres saben redirigir la conversación, discusión o fuerte enfrentamiento hacia aspectos de debilidad del otro y casi siempre consiguen «dominar la situación». Es «astucia de mujer».

Agatha Christie, en su magistral obra El asesinato de Roger Ackoyd, nos lo explica de una forma maravillosa: «Las mujeres son maravillosas, inventan teorías increíbles y, milagrosamente, acaban teniendo razón. Las mujeres observan inconscientemente miles de pequeños detalles sin darse cuenta. El subconsciente ordena esos datos y al resultado se le llama intuición».

Honoré de Balzac, en la Comedia humana, nos dice: «Todas las mujeres, hasta la más necia, saben usar la astucia para lograr sus fines».

Carmen Alborch, en su obra "Malas" nos dice: "Algunos lo llaman instinto femenino, pero en realidad no es más que una gran intuición y una no menos gran astucia. Hay cosas que hasta una niña impúber conoce y de las que pronto aprende a sacar provecho, como, por ejemplo, que no existe en este mundo persona más vulnerable, y por tanto manipulable, que un hombre que se enamora a primera vista."

Me gusta contar una anécdota: mi mayor error empresarial fue la alianza con un personaje altamente considerado en ámbitos empresariales, del que yo esperaba al menos lo mismo que le estaba ofreciendo: su lealtad. Le pedí que diese una charla a todo el equipo humano de una de mis empresas, a la que también asistió mi esposa Rosa. Por la noche hablamos y Rosa me dijo: "Ten cuidado con ese, porque solo busca tu dinero". Yo me quedé sorprendido y no le hice ningún caso, porque estaba demasiado ilusionado con el proyecto y demasiado ciego.

Constituí una sociedad con él cediéndole un 52% de forma gratuita (tanto confiaba en su persona y su prestigio) y un sueldo muy elevado. Al cabo de menos de tres años, cuando la empresa ya tenía unos beneficios superiores a la media y unas perspectivas excelentes de crecimiento, sin que "el otro" hubiera hecho más que aparecer una vez al mes para cobrar los honorarios garantizados por mí, se presentó en mi despacho y delante de los empleados de más alto nivel afirmó: "Aquí sobra un socio y no soy yo". Cuando le pedí explicaciones en privado, me dijo que había alquilado un local en Derio y que se llevaba el personal y los clientes. Y así lo hizo. Cuando le reclamé mis derechos por vía judicial, mi imagen de pequeño empresario nada pudo contra el "aparente triunfador reconocido casi a nivel mundial".

Y después me he preguntado tantas veces por qué no hice caso a la intuición maravillosa de mi mujer, a quien bastó verle y oírle durante una hora para conocerle cien veces mejor que mis decenas de horas de charla con él.

¿Por qué no somos un poco más humildes y aprendemos que la intuición femenina es uno de los valores más excelsos que pueden aportarse a una sociedad en horas bajísimas como la nuestra?

Y por eso, pienso y deduzco que necesitamos tanto a las mujeres y que debemos contar con ellas en este inmenso reto que tenemos planteado contra el neoliberalismo. Lo espero «todo» de ellas. No puedo ni imaginar ni creer que nos vayan a defraudar.

«Ánimo, chicas», vuestra hora de la gran revancha ha llegado, estamos en vuestro siglo y muchos de nosotros ya lo sabemos y estamos dispuestos a apoyaros, empujaros, animaros y daros el soporte que necesitéis. Porque es real que esta sociedad os necesita y que cada vez más hombres sabemos que sin vosotras no lo conseguiremos.

Nuestro próximo futuro está en vuestras manos y si «no ponéis toda la carne en el asador», los perjudicados seremos todos. Pero el camino no va a ser fácil, porque quien ostenta el poder, que hasta ahora ha sido el hombre, no lo soltará si no se le obliga.

4.6.2.- El autocontrol

También podría considerarse una forma de astucia, y quizás por haber vivido tanto tiempo en la cueva, el autocontrol femenino es fantástico. Alicia Valdez-Rodríguez en su obra "El club de las chicas temerarias" se expresa así: "Rebecca es muy reservada, una mujer que se enorgullece de su autocontrol, tranquila y calculadora a quien nunca he visto perder la compostura, diplomática, sensata, jamás opina en público (quién sabe lo que realmente piensa), entregada a una dieta saludable y a un plan de ejercicios, generosa con su tiempo y dinero y buena con los números. Los hombres nunca se hartan de ella ni le dicen que necesitan su espacio." Es una forma admirable de definir un estilo de mujer que nuestra sociedad necesita.

Los hombres, sin embargo, tal como nos lo expone la propia Alicia Valdez-Rodríguez: "Juegan siempre, si me permites el símil futbolístico, con la defensa adelantada; si no refrenan un poco al delantero atolondrado que llevan dentro, van a estar todo el tiempo fuera de juego. Y eso acabará pasando factura." Esta capacidad femenina descoloca con harta facilidad a los hombres, como lo demuestra nuestro reconocimiento.

Carlos Ruiz Zafón en su novela "La sombra del viento" nos reconoce: "La mujer desea lo contrario de lo que piensa o declara".

León Tolstoi en su obra "Guerra y paz": "Tenía fama de mujer amable, ya que podía decir lo que no pensaba y halagar con sencillez y naturalidad."

4.6.3.- La capacidad para manipular a los hombres

De tanto observar a los hombres y de tanto hablar y aprender de nosotros, la mayoría de las mujeres ha adquirido una gran capacidad de manipulación sobre nosotros, porque el hombre, al creerse durante tantos milenios muy superior a la mujer, no ha desarrollado los medios adecuados para entender su forma de pensar y defenderse de forma adecuada. La mujer si sabe cómo hacer el daño preciso en el momento más oportuno, a lo que los hombres hemos llamado tantas veces POR ERROR simple malicia femenina.

Ejemplos de ello son:

Robert Graves en "El conde Belisario" dice: "La agudeza de su ingenio y la gracia de sus modales engañaba a todo el mundo, pero nadie la quería de veras; la malignidad impone respeto, pero no cariño. Poseía la facultad de que la gente comúnmente desenvuelta se sintiese ante ella consciente de sus defectos morales..." Según mi propio criterio Graves confundía malignidad con la capacidad de manipulación.

Katherine Pancol se expresa así: "Sabía de maravilla cómo crear un sentimiento de culpabilidad atroz en el otro, con el fin de tenerlo a sus pies pidiendo perdón por haber osado contradecirla, enfrentarse a ella".

Alicia Rodríguez-Valdés también se expresa con estas palabras: "Me lo dijo recientemente con la sonrisa cordial y amistosa que pone cuando critica algo. Es austera en sus emociones verdaderas porque las falsas las airea como quien tiende la ropa."

Agatha Christie en su novela "El asesinato de Roger Ackoyd" pone en boca de una mujer: "Me mostré tan cruel con él aquella noche, tan dura, no presté oídos a sus palabras, ni creí en sus esfuerzos: lo único que hice fue decirle lo que pensaba de él, las cosas más despiadadas y que más hieren con la intención de hacerle daño"

Dolores Redondo en su novela "Todo esto te daré" nos habla así de la mujer: "Poseía una especie de sexto sentido para ver la debilidad ajena y lo explotaba".

Alfred Smueli en su obra "El harén de la Sublime Puerta" nos comenta: "Ella tenía una lengua cortante y viperina que nunca fallaba en dejar a sus adversarios sin saber qué decir."

4.6.4.- Mayor resiliencia que el hombre

Así se expresa Amín Maalouf en su novela "León el africano": "Las mujeres doblan y los hombres quiebran."

También Julia Navarro en "Historia de un canalla" nos lo confirma: "Las mujeres son capaces de los mayores sacrificios si se creen imprescindibles. Pueden renunciar a todo, incluso a la felicidad, para comportarse como heroínas en el teatro de su propia vida". Y así hemos de reconocerlo.

4.6.5.- Mayor capacidad para hacer daño

Como nos lo reconoce Carmen Alborch en su obra "Malas": "Hay dos armas de mujer que considero esencialmente afiladas: una es la cizaña, la otra son los celos." Como ya hemos comentado con anterioridad, la mujer no es un ángel porque es humana y está sujeta a las Tres Leyes de la Naturaleza Humana, al igual que el hombre, y muchas veces en la historia se la pinta como malvada.

Pero la pregunta que yo me planteo para poner fin a estas reflexiones es la siguiente:

¿Quién ha escrito la historia? ¿Quién ha versionado la historia? Siempre ha sido el hombre y, además, el hombre poderoso que ha ganado las batallas y dignificado su propia figura en detrimento siempre de la de los demás.

¿Cuántas obras supuestamente hechas por el hombre habría que adjudicarlas a mujeres? ¿No es hora ya de analizar la historia con ojos más objetivos?

Solo quiero añadir que la mujer, todas las mujeres tenéis tanto que aportar al presente y al futuro de la sociedad humana que es necesario decirlo muy alto: despertaros de vuestro letargo las que seguís dormidas, las que seguís atemorizadas o seguís encerradas en pequeños ámbitos de influencia y tened en cuenta que ese futuro al que vosotras y muchos de nosotros aspiramos está en vuestras manos ya que sin vosotras el camino de nuestros herederos será mucho más largo y pesado y, sobre todo, el de las mujeres.

Como nos lo expone la historiadora Michelle Perrot: "Las mujeres son totalmente capaces de cometer violencias y de ir a las barricadas. Lo han hecho, pero no para ellas mismas. La revolución feminista se hace en las costumbres, en la vida cotidiana y también, claro, en las ideas. Así es como cambian las cosas. Lo importante son los cambios de mentalidades".

4.7.- La asombrosa Virginia Woolf y otros comentarios

Como nos comenta Julia Navarro en su obra "Una historia compartida": "Hay una tendencia en los hombres a considerar que si otro hombre no hace lo que ellos creen que debe hacer es por culpa de su mujer y de ahí a decir que ésta es una bruja hay un paso. Es una manera de exonerarles de responsabilidad. En ocasiones es así de simple el juicio masculino señalando como responsables a las mujeres de los desatinos o las decisiones que toman algunos hombres. Siempre hay hombres que prefieren rebajar la valía de la mujer antes que reconocer su inteligencia."

En realidad, es un acto de defensa que denota la propia debilidad del macho para disculparse o justificar un acto determinado, siendo capaz incluso de culpar de su propia debilidad o ineficiencia a su propia mujer o a otra ante los otros machos, en vez de reconocer que la intuición femenina y su capacidad de captar aspectos que los hombres ni vemos ni queremos ver en un momento determinado, puede resultar vital o esencial en la toma de decisiones. Ya expuse mi enorme error y la maravillosa intuición de mi mujer Rosa.

Hay unas frases de Virginia Woolf que habría que enmarcarlas en la pared que está enfrente de toda cama en la que duerma una mujer para que al despertarse cada día las lea y reflexione:

1.- "Los ojos de los otros son nuestra prisión"
2.- "Los pensamientos de los otros son nuestra jaula"
3.- "La verdad no existe; la verdad se fabrica"

Virginia define a la mujer de su tiempo (1882 – 1941) pero todavía sigue definiendo a la inmensa mayoría de las mujeres del siglo XXI. Yo os puedo expresar mi "visión de hombre", pero sois vosotras, todas y cada una de vosotras las que debéis reflexionar sobre la prisión que os atenaza, prisión que con gusto acepta el hombre para su propio beneficio.

1.- A la mujer le preocupa más su apariencia que su propia realidad y siempre dedica demasiado esfuerzo para "quedar mejor de lo que es" ante los ojos de los demás y mucho menos esfuerzo en demostrarse a sí misma y a los demás lo que realmente vale. En esta sociedad dominada y diseñada por el hombre, la mujer se ha convertido y aceptado a sí misma como "un objeto valioso" en función de su "belleza aparente" y muchos hombres han dejado de buscar en ella la inteligencia y otras capacidades. Al escribir estas líneas me siento de alguna forma prisionero de una educación machista recibida durante toda una vida, aunque he de reconocer que he tenido mucha suerte con mi familia. Pero sois vosotras, las chicas de las nuevas generaciones, quienes debéis haceros plenamente conscientes de que lo primero es el desarrollo de vuestro carácter y de vuestras capacidades basadas en un pensamiento crítico.

2.- "El qué dirán" os enjaula hasta achicar demasiadas veces vuestras aspiraciones y sueños. Aprender a ser independientes es el camino. Aprender a ser uno mismo o una misma es el camino. Y para ello hay que romper a veces con lo aprendido de quienes nos rodean, hay que poner en tela de juicio actitudes de quienes nos rodean, hay que luchar a veces por lo que uno/a desea, aunque todos los de alrededor piensen diferente. El pensamiento de la mayoría es una jaula que a veces hay que romper para poder ser libre y poder buscar un mundo mejor. Ya todos conocemos a jóvenes que "dan el paso" y buscan caminos nuevos. Ahora es más fácil que hace más de 40 años cuando yo mismo decidí romper con lo que todos me aconsejaban y montar una empresa innovadora y casi sin horizonte. Cada una de vosotras, como mujeres, seguro que vais a tener más obstáculos por el simple hecho de serlo para dar el paso para reivindicar vuestro propio futuro, pero si seguís leyendo este libro es porque estáis capacitadas para hacerlo. ¡Y yo os animo!

3.- Si seguís las tertulias, leéis los periódicos, andáis en las redes o simplemente os preocupa un poco el mundo económico, social y político, habréis comprendido con facilidad que una misma noticia se explica de muy diferente forma según la mente de quien la cuenta. Vivimos en una época donde los "fakenews" son habituales y donde los "asesores políticos" orientan la opinión de la gente en función de sus intereses y de su propia interpretación de los hechos. A veces una misma noticia parece casi contradictoria según la explique en periodista u otro, un periódico u otro. Lo único evidente es que en nuestra sociedad todos quieren interpretar "la verdad" a su manera. Virginia Woolf nos lo advierte: la verdad se fabrica según los intereses de quien la administra o notifica. Necesitamos una educación más amplia sobre el pensamiento crítico que todos y cada uno debemos desarrollar. Solo de esta manera podremos "ser nosotros/as mismos/as" y evitar que "otros/as nos manipulen a su antojo y siempre en su único beneficio".

Carlos Ruiz Zafón en su novela "El laberinto de los espíritus" nos advierte: "El nivel de barbarie en toda sociedad se mide por la distancia que intenta poner entre las mujeres y los libros: nada asusta más a un cafre que una mujer que sabe leer, escribir, pensar y encima enseña las rodillas". Carlos Fuentes en su novela "La silla del águila" también nos lo expone de forma maravillosa: "Todo hombre teme a una mujer capaz de pensar y actuar por sí misma. Todo hombre teme a una mujer fuerte y capaz de defenderse"

Julia Navarro en su obra "Una historia compartida" nos define así a los hombres: "Los hombres son iguales a sí mismos desde el principio de los tiempos: los muy fatuos sitúan su honorabilidad entre las piernas de sus mujeres. Ellos nos han calificado como el sexo débil a lo largo de los siglos, anteponiendo la fuerza física a la inteligencia, la astucia, la tenacidad, la resistencia, etc. Como si para sobrevivir fuera más necesaria la fuerza que la inteligencia. El papel de la mujer se reducía a dar placer y traer hijos para los hombres. Aún hoy hay hombres que eligen que sus compañeras tengan determinados atributos para evidenciar su poder.

A los seres humanos corrientes nos cabe la esperanza o al menos la ilusión de pensar que tenemos la rienda de nuestras vidas y que los aciertos y errores son consecuencia de decisiones que hemos adoptado libremente: somos responsables de cuanto hacemos, porque lo contrario sería negar la libertad del hombre (y de la mujer)".

Es difícil expresar mejor la igualdad de la condición humana de hombres y mujeres y nuestra responsabilidad compartida ante el futuro de nuestras sociedades.

Y, por último, como nos habla Rosa Montero sobre el poder masculino de muchos machitos en su artículo "Ser un machote es muy cansino": "Hoy muchos hombres están comprendiendo que ese poder masculino es obsoleto, además de injusto, y que también les aprisiona a ellos. Los obliga a ser fanfarrones de opereta, a ser los más valientes, los más triunfantes, los más agresivos, a castrar las emociones, a temer los sentimientos. Ser todo un machote es cansino".

Pero debemos estar muy atentas/os a estas reacciones que convierten a muchos hombres en animales serviles de líderes extremistas y dispuestos a tirar hacia adelante sin utilizar un mínimo de reflexión. Siempre estarán esperándoles los manipuladores de sentimientos que les dirigirán hacia posturas más o menos fanáticas y, en todo caso, nada democráticas.

Hay mucho camino que recorrer. Y debemos ir juntas/os porque la cuesta tiene muchísima pendiente y la cima de la montaña está aún muy lejos.

5.- QUÉ PUEDEN ESPERAR LAS MUJERES DE LOS HOMBRES

5.1.- Sobre las religiones

La mujer ha estado siempre sometida por el hombre y reducida a un papel reproductor y aun actualmente en las sociedades dominadas por los religiosos sigue persistiendo ese dominio brutal del hombre sobre la mujer. Todas las religiones están controladas por un machismo profundo y refuerzan la subyugación de la mujer a la clase masculina al proveerla de una justificación trascendente. Siempre es la clase masculina la que ocupa los lugares clave en la estructura mágico-religiosa, monopolizando el contacto con los espíritus o los dioses.

El hecho de identificar al varón como imagen divina provocó en ambas religiones (musulmana y cristiana) consecuencias nefastas para el sexo femenino, alimentó tendencias machistas y misóginas, convirtiendo a las mujeres en seres supuestamente inferiores.

Por norma, todas las religiones del mundo han discriminado a las mujeres, bien situándolas en un incomprensible segundo plano o bien legitimando que pudieran ser vejadas y maltratadas. Toda religión organizada, salvo contadas excepciones, tiene como pilar básico la subyugación, represión y anulación de la mujer en el grupo.

La mujer se ve obligada a aceptar el rol de presencia etérea, pasiva y maternal, nunca de autoridad o de independencia, o paga las consecuencias. Puede, pues, tener su lugar de honor entre los símbolos, como la Virgen María, pero no en la jerarquía.

¿Cuál es el lugar actual de la mujer en las religiones?

Por una parte tanto el cristianismo como el islam proclaman la igualdad de todos los seres humanos y, en teoría, conceden a las mujeres una dignidad, pero por otra, en tanto que religiones patriarcales y prisioneras de prejuicios ancestrales, fomentan el papel subordinado de la mujer dentro de la sociedad y en especial de la familia. El islam incluso permite que un hombre tenga hasta cuatro mujeres si puede pagar su sustento. Pero nunca la poliandria.

"Por los hechos los conoceréis" dijo JESÚS.

A lo largo de los siglos se ha hecho una lectura de la Biblia y del Corán, que ha justificado la subordinación de la mujer al varón, siendo minoritarias y marginales las lecturas liberadoras y progresistas. Marlene Patoumathis nos expone: "Las religiones instituyeron la inferioridad de la mujer por orden divina. Los textos dogmáticos fueron creados por hombres para hombres."

¿Hasta cuándo soportaréis las mujeres esta situación?

¿Dónde está vuestra dignidad?

¿Cuándo llegará a entender la mujer que todas las religiones (y más cuanto más estrictas sean en sus normas sociales) tal como están instituidas no son sino sistemas de opresión de la mujer por el hombre?

¿Cuándo llegaremos todos a comprender que la relación del Homo Sapiens con Dios, en igualdad de condiciones tanto la mujer como el hombre, debe ser absolutamente personal y nunca debe influir en la vida social, salvo en el aspecto del absoluto respeto al pensamiento y a las creencias de los demás?

5.2.- Sobre la guerra
¡Es hora de despertar!
Muchas mujeres siguen confundiendo el feminismo con la imitación de los errores de los hombres, imitan formas verbales

masculinas y parecen querer ser más machos (o más bien machistas) que ellos. Igualdad no es sinónimo de imitación. El hombre y la mujer necesitamos asumir juntos nuestra mayoría de edad diferenciada, pero integrada en una única sociedad.

Según mi personal criterio, las guerras no son nunca entre pueblos, sino entre dirigentes todopoderosos que obligan a sus pueblos a pelear siempre por razones ajenas a los propios pueblos. Y en la actualidad hay mujeres que se alistan a los ejércitos, muchas veces como voluntarias, para cometer, en mi opinión, los mismos errores que los hombres y para ser conducidas al matadero a cambio ¿de qué?

¿Quién se ha molestado en recordar las consecuencias para las mujeres de las guerras organizadas siempre por hombres? ¿Por qué ahora quieren algunas mujeres repetir nuestros mismos errores?

Hablemos de las guerras y sus consecuencias.

5.2.1.- Explotación del hombre por el hombre

Ya Carlos Marx identificó la historia de la Humanidad como la de la explotación del hombre por el hombre, incluyendo en este concepto a todos, hombres y mujeres. Otros escritores la han expuesto de diversas formas para venir a decir lo mismo.

Durante los últimos 100.000 años el Homo Sapiens ha aprendido que para satisfacer todo lo que necesitaba y deseaba, es decir, para conseguir todo lo que la tercera ley de la naturaleza humana, la de la insatisfacción permanente le marcaba le era suficiente con dominar las mentes y los cuerpos ajenos. Así siempre el fuerte se ha servido de los menos fuertes, ha explotado a los débiles y a la gran mayoría de sus "iguales" para conseguir el poder y con ello culminar cuantos deseos pudiera tener. Y siempre ha utilizado la violencia sobre los demás.

Pero nunca hay violencia sin motivación, sin causa que lo justifique. Manuel Freytas nos dice: "La guerra, el uso y el control del poder militar, la capacidad de destrucción masiva fue el factor primario que posibilitó, por medio de la conquista, que grupos reducidos de individuos, la clase dominante, impusieran su voluntad sobre las mayorías, condenándolas a la servidumbre y la esclavitud. El objetivo primario de la guerra es conquistar y controlar para dominar."

Podemos ampliar el "objetivo primario de toda guerra" añadiendo a los conceptos de conquista y dominio del adversario el verdadero motivo de todas ellas: la ambición de poder económico y político del dirigente o poderoso de turno o de quienes lo dirigen o manejan, basada siempre en la tercera Ley de la Naturaleza Humana.

Y siempre hay un gran perdedor: el pueblo o mejor dicho los pueblos que padecen las guerras son los que realmente pagan las consecuencias de ellas con sus vidas y con sus haciendas. La pérdida inmensa de vidas humanas es la consecuencia necesaria de toda guerra, pero las clases dirigentes siempre han sabido y entendido que las vidas de sus súbditos son fácilmente reemplazables, que no tienen un valor si no les sirven para incrementar su propia fortaleza.

Los angloestadounidenses han teorizado y puesto en práctica la idea de "guerra total": una guerra sin límites legales, morales, geográficos, temporales o espaciales. Como declaró Bush sobre la guerra de Irak: "Esta es una guerra diferente en la que el enemigo está en todas partes y ataca sin tregua. La solución definitiva es buscarle y destruirle, destruir sus santuarios, sus cómplices, sus barriadas, sus familias, sus instituciones religiosas, así como a todo aquel que pueda ofrecerle apoyo material o espiritual, protección o aliento". A esto le llamó "guerra toral", la que rompe con todo criterio ético y moral.

La primera consecuencia de cualquier guerra es siempre la misma: avivar y liberar las dos primeras leyes de la naturaleza humana (el egoísmo y la violencia basados en las Leyes de la Supervivencia y de la Fuerza) hasta mostrar al ser humano como verdaderamente es, con toda su agresividad y con todas las tendencias innatas latentes (odio, rabia, violencia, engaño, etc.) que se manifiestan sin ningún tipo de control e incluso se incitan contra "el otro", también un ser humano. El hombre, con la guerra, se vuelve más animal si cabe, pero con un instinto depredador muy superior al de cualquier otro animal, ya que el deseo de hacer el mal, incluso sin obtener más beneficio que la satisfacción de ver el dolor ajeno y la destrucción del otro, se alimenta y se pone en marcha hasta la crueldad más brutal.

En la guerra es el instinto animal más primitivo y cruel el que predomina, sin tener en cuenta más factores que los de la supervivencia y la fuerza a costa de la muerte del otro. Y la guerra ha formado parte de la existencia humana desde que el hombre es hombre, es decir desde la constitución de los primeros grupos humanos, que tuvieron que aprender a defenderse y a atacar para mantener o conseguir el alimento o los bienes necesarios para su supervivencia.

Otras consecuencias de toda guerra son:
- La verdad es la primera víctima de la guerra.
- Afecta a todos los sectores y se produce una desorganización de la sociedad.
- En el aspecto humano se presentan olas de violencia, violación, atropellos, deshumanización por el ocupante.
- Perdida de la espiritualidad, de la autoestima y de los atributos humanos.
- Muertes y heridos, trastornos psíquicos y físicos.
- Destrucción de infraestructuras , empresas y medios de vida.
- Pobreza y desamparo.
- Desarraigo y desplazamientos de la población.
- Perturbación de sistemas económicos y sociales.
- Traumatismos psíquicos en los soldados.
- Las muertes solo son la punta del iceberg, etc.

5.2.2.- Causas de las guerras

Son muchas las causas que los expertos enumeran, aunque podemos decir que se reducen a cuatro: razones económicas, religiosas, políticas e ideológicas. Sin embargo, podemos darles todo tipo de nombres, como:
- Controlar tierras, recursos y otros intereses económicos.
- Amenaza a la soberanía de un país.
- Expansionismo e intereses territoriales.
- Equilibrio de poderes en diversas regiones.
- Diferencias culturales, ideológicas o políticas.
- Intolerancia.
- Mantenimiento o cambio de relaciones de poder.
- Dirimir disputas económicas, ideológicas, religiosas o territoriales. por cuestiones históricas o estratégicas.
- Nacionalismo.
- Imperialismo.
- Racismo y esclavitud.
- Venganza: ejemplo de Hitler.
- Exigir un desarme.
- Imponer algún tipo de tributo, ideología, religión o nacionalidad.
- Combinación de varias de ellas, etc.

Todas esas razones son simplemente disculpas que intentan ocultar la única razón: más poder y más dinero.

5.2.3.- ¿Por qué sigue habiendo guerras? ¿Quién las desea?

¿Quién desea la guerra?¿La puede desear el pueblo que necesita sacrificar a sus hijos en la misma? ¿La pueden desear las madres, las novias, los hijos que ven a sus seres queridos marchar sabiendo que parte de ellos nunca volverán? ¿Quién, pues, puede desear una guerra?

La guerra la pone en marcha siempre solo quien espera sacar provecho de ella. Esa es la única respuesta. Pero lo que realmente no puede dejar de asombrarnos es que miles y millones de personas, supuestamente con capacidad racional suficiente, se dejen "CONVENCER" sobre los supuestos beneficios que esta o la otra guerra pueden conseguir.

¿Cómo, entonces, nos dejamos engañar? ¿Por qué unos pocos son tan capaces como para que la inmensa mayoría de la humanidad siga dando vueltas a su alrededor y no comprenda que sigue siendo pérfidamente engañada y manipulada?

Como no me canso de repetir, hemos de reconocer que el ser humano es un animal gregario por su propia naturaleza. Una conclusión clara es que el Homo Sapiens necesita de la seguridad antes que de la libertad y para sentirse seguro y para sentir segura a su familia siempre, a lo largo de los últimos 12.000 años, ha preferido fiarse y entregarse a líderes "fuertes" y aparentes defensores de los intereses del pueblo, aún a costa de ceder toda su libertad.

El ejemplo de Hitler es paradigmático, pero en la actualidad del siglo XXI nos estamos encontrando con una vuelta a situaciones que creíamos superadas: un buen número de países que considerábamos atraídos a la democracia están optando por líderes "fuertes" y con maneras dictatoriales y el ejemplo más evidente es el de Donald Trump.

Las guerras siempre se hacen en nombre de causas grandiosas y huecas (grandes consignas y trapos de colores) que se revelan más burdas y viles cuando más cerca del combate se está. Las guerras casi siempre se justifican en nombre de Dios y de la patria, pero siempre se llevan a cabo exclusivamente para hacer más poderosos a los hombres que ya lo eran demasiado antes de provocarlas. Nunca es el pueblo quien toma decisiones, sino quien las acepta y las obedece. Son esas personas poderosas las que utilizan las banderas, los dioses, las patrias, las lenguas o las razas con el objetivo único de obtener dinero y poder, sin preocuparles que este mundo se convierta en un lugar más miserable.

Y son siempre suficientes conceptos como el "miedo ancestral al diferente" y su conversión en enemigo o la tergiversación de los conceptos "nosotros y ellos", para que el pueblo actúe y participe en las guerras, de las que siempre sale perdiendo.

Ese pueblo tan fácil de dirigir y tan difícil de educar.

5.2.4.- La guerra y la mujer

A.- Sobre la mujer en época de guerra

¡Es asombroso el hecho evidente de la situación de la mujer en la Historia de la Humanidad! A lo largo de la Historia Humana las mujeres han sido en las guerras simples trofeos que quedaban a merced del vencedor. La violencia y la agresión física del cuerpo femenino, el tratamiento brutal de la mujer ha sido una normalidad continuada desde las primeras guerras hasta la actualidad.

La violencia sexual ha sido utilizada como arma bélica de manera sistemática en todas las guerras, antiguas y modernas. Mujeres y niñas han sido sometidas y forzadas a esclavitud sexual, violadas, secuestradas, humilladas y dañadas en lo más profundo de sus sentimientos éticos y morales, trascendiendo el dolor al grupo social o comunidad. Aún en la actualidad hay guerras en las que nada ha cambiado.

La violación es utilizada en las guerras para aterrar a las sociedades y siempre se persigue y se consigue humillar al colectivo, a través de la mujer. Con la violación no solo se destruye a la mujer, sino también a los familiares que observan o son conscientes de la agresión. Muchas veces las violaciones son públicas, en grupo, en presencia del marido u otros allegados y en muchas ocasiones son las propias mujeres violadas las que deben sufrir y soportar el rechazo de la comunidad. Y el dolor de la violación puede convertirse con facilidad en un "estigma".

Las mujeres violadas padecen durante mucho tiempo sufrimiento y trauma incluso con trastornos mentales temporales o permanentes. También presentan pérdida del sentido de la vida, sentimientos de odio, desesperación, desprecio, ira, en su estrés traumático.

Y, sin embargo, la violación y la agresión a la mujer ha sido excluida tradicionalmente de los "horrores de la guerra" y ni siquiera estaba, hasta hace muy poco tiempo, reconocida penalmente, ya que se consideraba un simple efecto colateral inevitable y no una transgresión de los derechos humanos.

La violación en época de guerra no fue reconocida como crimen en el juicio de Nuremberg de 1946 ni por el Tribunal de guerra en la Convención de Ginebra de 1949 y este reconocimiento no le llegó hasta los "tribunales ad hoc" creados para la ex Yugoslavia (1993) y Ruanda (1994), así como en el Estatuto de Roma del Tribunal Penal Internacional (TPI).

B.- Ejemplos recientes de violaciones en guerras

En la Segunda Guerra Mundial este crimen llegó a su máxima expresión. Así es conocida la violación de muchas mujeres por las tropas nazis, sobre todo en el avance hacia el Este de Europa, aunque también en Francia, Bélgica y Holanda. Posteriormente se dio la violación de más de dos millones de mujeres alemanas por soldados soviéticos en su avance por la Alemania nazi, de las que al menos una décima parte fueron después asesinadas.

En Asia también sufrieron trato similar las mujeres coreanas, chinas y filipinas que fueron violadas repetidamente por tropas japonesas y utilizadas como esclavas sexuales. En guerras posteriores se repitieron las violaciones por ejemplo en la guerra de Vietnam por las tropas norteamericanas y en las guerras de Croacia y Bosnia por las tropas serbias. Por desgracia, en todos estos casos han salido impunes los agresores.

C.- Legislación actual sobre la violación en guerra

El Estatuto de Roma fue adoptado por la comunidad internacional el 17.07.1998 en una conferencia diplomática celebrada en esa ciudad. El Estatuto dispuso la creación de una Corte Penal Internacional permanente con competencia sobre crímenes de genocidio, crímenes de lesa humanidad y crímenes de guerra. Su sede está en La Haya, Países Bajos. La Corte Penal Internacional (CPI) o Tribunal Penal Internacional (TPI) desde esa fecha tiene competencia, de conformidad con el presente Estatuto, respecto de los siguientes crímenes:

a.- Crimen de genocidio

b.- Crímenes de lesa humanidad

c.- Crímenes de guerra

d.- Crimen de agresión

En la actualidad China, India, Rusia y Estados Unidos no son miembros y no aceptan al Tribunal Penal Internacional (TPI). La CPI o TPI puede procesar a individuos, pero no a Estados ni organizaciones.

La prostitución forzada y la esclavitud sexual han existido desde tiempo inmemorial, pero el Tribunal Penal Internacional (TPI) define la violación como crimen contra la humanidad solo en el caso de que estas violaciones sean generalizadas y sistemáticas en tiempos de guerra. El TPI especifica que, cuando la violación se comete como parte de un ataque contra civiles, puede ser considerada tanto un crimen de guerra como crimen contra la humanidad.

5.2.5.- ¿Un mundo sin guerras?

Para lograr un mundo sin guerras es necesario abordar los aspectos económicos y políticos de los conflictos, siempre fundamentados en la ambición de poder y de dinero de unos pocos hombres, insatisfechos con lo que tienen y poseen y deseosos de ampliar su influencia y su poder sin miramiento alguno.

Mientras no consigamos dominar las tendencias innatas del ser humano al gregarismo y a "comprar un mínimo aparente de seguridad a cambio de ceder su libertad", nada será posible. Después llegará el momento de redirigir los presupuestos de defensa hacia la educación, la atención sanitaria, los servicios sociales, el desarrollo de infraestructuras y cuantas actividades consideren necesarias los gobiernos para beneficiar al pueblo y solo al pueblo.

Un mundo sin guerras es posible a condición de la existencia de un organismo internacional con poder y legitimidad para intermediar los conflictos con justicia y equidad y para crear una legislación mundial que represente la voluntad mayoritaria de la humanidad de forma democrática. Rudolf von Ihering sostuvo que la fuerza es la base del derecho y que el derecho sin la fuerza es una utopía. Pero el derecho es la lucha contra la injusticia. Todo derecho en el mundo debió ser adquirido por la lucha.

Sun Tzu en su obra "El arte de la guerra" nos aconsejaba que "la forma más astuta de ejercer la guerra sería soslayarla de manera que no hubiera necesidad de llegar a ella". Afirmaba que la guerra hay que ganarla antes de declararla o de que existiera en si misma. La cuestión es buscar la fórmula para controlar la tendencia a la violencia, aunque siempre habrá delincuentes o personas violentas.

¿No tenemos solución?

SI TENEMOS SOLUCIÓN.

En el siglo XXI tenemos tres fuerzas singulares que debemos valorar y utilizar con plena responsabilidad para acercarnos al control del gregarismo social, de las guerras y de las dictaduras:

1.- La mujer

2.- La educación en nuestras propias capacidades

3.- Una verdadera democracia que controle a los poderosos para evitar que actúen exclusivamente en función de sus propios intereses.

5.3.- La mujer vista por el "hombre fuerte" en el siglo XXI

En el mundo occidental, como ya he comentado, la mujer ha avanzado más en los últimos 150 años que en los anteriores 12.000 años y en especial desde el final de la Segunda Guerra Mundial el acceso de las mujeres a la educación ha supuesto un cambio absolutamente paradigmático en las sociedades democráticas modernas.

Aunque todavía quedan culturas, como la musulmana y la india, entre otras, que siguen intentando mantener esa dominación del género masculino sobre el femenino y unas reglas societarias opresivas para la mitad de sus habitantes, el avance de las reivindicaciones y derechos femeninos es un hecho evidente, aunque todavía no suficiente.

Muchos hombres ven en este avance una amenaza para sus casi eternos privilegios basados en el hecho fundamental de que el macho durante miles de años ha considerado, por la Ley de la Fuerza, a la mujer simplemente como un medio para cumplir con la Ley de la Supervivencia y siguen considerando a la mujer como una intrusa en aquellos ámbitos de actividad que antes eran patrimonio exclusivo de los hombres y ello alimenta sus naturales actitudes antisociales y comportamientos violentos.

Igualmente, la mujer debe hacerse plenamente consciente de que, si quiere luchar contra su propio complejo de inferioridad con respecto al varón, necesita asumir que los riesgos, los éxitos y la competitividad hasta hace poco "considerados hábitos masculinos" deben ser asumidos por ella, es decir, debe feminizarlos hasta llegar a considerarlos necesarios en la progresión hacia la igualdad efectiva.

Y feminizar no significa, al menos para mí, nada más ni nada menos que la asunción por la mujer de dichos hábitos en igualdad de condiciones que el hombre, aceptando que ello supondrá la aceptación de "nuevas y duras responsabilidades" como partícipe al 50% de la nueva sociedad que todos, mujeres y hombres, queremos crear de igual a igual.

Pero demasiados hombres hay que no desean esa igualdad, que se encuentran mucho más cómodos en una sociedad machista donde el "macho dominante", el "hombre fuerte" siga dirigiendo la manada, apoyado por los demás hombres e incluso por muchas, muchísimas mujeres que no son capaces de interiorizar que su propio futuro en esta sociedad va a depender fundamentalmente de que den un fuerte puñetazo en la mesa, de que exijan sus derechos con vehemencia y de que comprendan cuál es su lugar en la futura sociedad.

Y esa sensación de odio o rechazo a las mujeres por parte de un número creciente de hombres se debe a que, como ya he expuesto con anterioridad, están tomando conciencia de que las mujeres podéis (y debéis) ocupar el puesto que os corresponde en nuestras sociedades, que no es otro que el 50% de todo, el de la igualdad de derechos y responsabilidades en todos y cada uno de los estamentos de la vida social y política.

De unos pocos años a esta parte, y en especial desde la crisis financiera de 2008, está creciendo la marea de los "hombres fuertes" que fomentan la mentalidad de la ultraderecha y que también se manifiesta en el rechazo de muchas personas a los inmigrantes que amenazan, según ellos, su puesto de trabajo o su futuro. Muchos son los hombres con mentalidad neoliberal que se sienten vulnerables ante el avance del movimiento feminista y más desde vuestra maravillosa demostración en la gestión de la pandemia. Sólo la idea de que tienen de aprender algo o cambiar algo, les altera y han reaccionado con todas sus fuerzas contra vuestro avance.

Carmen Alborch en su obra "Malas" nos expone su versión: "Ellos, los hombres, han configurado nuestro pensamiento y aún nos temen o nos desprecian. Por una parte, ensalzan lo femenino como depositario de valores excelsos como la maternidad, y por otra optan por nuestra subordinación social efectiva: eternas secundarias sin protagonismo alguno. Nos consideran como seres incompletos que solo tienen razón de ser cuando se incorporan al mundo masculino y con las normas "masculinas". Lo masculino se convierte en la manera de ser hegemónica y se convierte en el referente universal del ser humano"

Son mensajes de doble lectura que ensalzan las "virtudes masculinas" y que, por tanto, atacan la igualdad de la mujer. Considero que los partidos políticos de extrema derecha han adoptado los conceptos de "vuelta a los antiguos valores" y de defensa de un "poder fuerte" para atraer a muchos "machos" que ven su "antiguo territorio exclusivo" contaminado con la presencia de la mujer. Recordemos que todos estamos sujetos a la segunda ley de la naturaleza: la ley de la fuerza, que hasta hace demasiado poco tiempo, suponía el dominio absoluto sobre la mujer.

La propia Carmen Alborch nos recuerda el uso que el hombre ha hecho de la misoginia a lo largo de la historia: "Definiciones:
La misoginia: rencor u hostilidad hacia las mujeres.
La ginecofobia: odio hacia las mujeres
El antifeminismo: oposición a la emancipación de las mujeres."

"Historia: tres grandes argumentos misóginos:
- La inferioridad moral (portadora de la maldad y del pecado)
- La inferioridad biológica (nacida para la procreación)
- La inferioridad intelectual"

Y la escritora Rosa Montero en su artículo "Ser un machote es muy cansino" (El País) nos dice: "Lo que acongoja de verdad es que un nutrido número de buenos hombres se pongan a justificar a los machistas feroces en vez de intentar entender por qué sucede esto para poder remediarlo. Porque la violencia sexista no es un problema de las mujeres: es un problema de los varones. Y solo terminará cuando los buenos hombres decidan de una vez enfrentarse a ello".

Lógicamente, no estoy de acuerdo con ella solo en una cosa: el problema es de todos, de vosotras y de nosotros, porque es tan brutal que todo lo que hagamos será absolutamente necesario para acercarnos a una igualdad deseada por la gran mayoría. Reconozco que es un inmenso problema cultural que debemos revolucionar entre hombres y mujeres, todos juntos.

6.- LA MUJER ANTE LA SOCIEDAD

6.1.- SOBRE EL LUGAR DE LA MUJER EN LA SOCIEDAD

6.1.1.- Sobre la evolución hacia la igualdad: la mayor revolución

Como nos lo comenta Thomas Piketty en su libro "Breve historia de la igualdad", desde 1780 a 2020 se observa una evolución hacia una mayor igualdad de estatus, patrimonio, ingresos, género y raza en la mayoría de las regiones y sociedades del mundo y en cierta escala a nivel mundial. Ello está posibilitando por primera vez que la servidumbre y el esclavismo de la mayor parte de los seres humanos hasta el siglo XIX vaya transformándose de forma paulatina pero constante en la creación de grupos humanos "burgueses", económicamente independientes y jurídicamente capaces de tomar decisiones sobre sus propias vidas, sin depender del criterio de sus "amos" o "señores".

Ello no evita que sigan en 2025 diversas desigualdades en niveles considerables e injustificados en cualquier caso (estatus, propiedades, poder, ingresos, género, origen, etc.)

Desde finales del siglo XVIII el movimiento hacia la igualdad se ha basado por una serie de mecanismos institucionales específicos como:

- La igualdad jurídica formal, aunque no impida una profunda discriminación por razón de origen o de género.
- El sufragio universal y la democracia parlamentaria representativa que aún es muy imperfecta.
- La educación gratuita y obligatoria, pero con grandes desigualdades en el acceso.
- El seguro de enfermedad universal, igual.
- La fiscalidad progresiva de la renta, las herencias y la propiedad: deben ser replanteadas a nivel internacional.

- La cogestión y reparto de poder en las empresas, pero aún está en pañales.
- Los derechos sindicales.
- La libertad de prensa, aunque un reducido grupo de oligarcas controla todos los medios.
- El derecho internacional, aunque al estar basado en la circulación incontrolada de capitales se asemeja más a una nueva forma de colonialismo en beneficio de los más ricos, etc.

El movimiento hacia la igualdad tiene todavía un largo camino que recorrer, especialmente en un mundo en el que los más pobres (los más pobres de los países más pobres) van a sufrir cada vez con más intensidad los daños climáticos y medioambientales causados por el estilo de vida de los más ricos.

En todo caso, debemos reconocer que es el "SISTEMA CAPITALISTA" el que ha hecho posible este asombroso cambio en la forma de funcionamiento de la sociedad humana.

6.1.2.- Nuestra actual actitud: gregarismo y victimismo

El gregarismo, como actitud de la mayoría de los seres humanos a lo largo de toda la historia del Homo sapiens proviene de nuestra tendencia innata a priorizar la seguridad sobre la libertad. Los seres humanos hemos preferido siempre garantizar nuestra supervivencia (ley de origen animal y muy anterior al surgimiento de la especie humana) aunque hayamos tenido que sacrificar los llamados "DERECHOS Y LIBERTADES HUMANAS" durante miles de años y aún en la actualidad.

¡Pero cuidado con el feminismo victimista! Vosotras sabéis exponerlo mucho mejor que yo.

Claudia Senik nos habla del malestar convivencial en Francia y utiliza las siguientes palabras: "La víctima es el héroe de nuestro tiempo, supuestamente depositaria de la bondad (las víctimas son buenas), supuestamente ungida de un indiscutible poder para conocer la verdad (las víctimas tienen la razón), elevada al cielo y convertida en un escudo moral (en realidad es un arma implacable de ataque) contra toda discusión política. Si ser víctima nos otorga bondad y verdad ¿por qué dejar de serlo? ¿Por qué abandonar ese lugar de reconocimiento y esa fuente de legitimidad y de poder? La expansión de la política victimista ha desbordado los límites de la derecha revanchista.

Frente a la expansión actual de la política del victimismo, es necesario salir de la trampa y poner en marcha discursos expansivos que nos convoquen como sujetos libres y no como sujetos dolientes, que nos prometan un poco más de emancipación y un poco menos de compasión. No hay nada bueno, ni verdadero ni bello en ser víctima y la mejor noticia que puede traer una política emancipadora es que podemos dejar de serlo."

Angela María Martín en su "Historia de las mujeres" nos dice: "¿Qué queremos las mujeres?: El futuro como el presente es con las mujeres. Queremos ser mujeres en igualdad de condiciones y oportunidades. Queremos ser mujeres sin machismo ni violencia. Queremos ser mujeres valientes y seguras. Queremos lo justo, lo indispensable, la mitad de todo."

Como nos lo recuerda Isabel Allende: "No existe realización personal para una mujer si no puede mantenerse sola. Si dependes de que otro te pague las cuentas, hay que agachar el moño. Vivimos en un patriarcado. Las mujeres debemos encontrar resquicios para dejar oír nuestra voz. Cada vez lo logramos más. Pero falta. Existe una verdadera guerra contra la mujer".

Sin embargo, yo creo que se ha iniciado una inmensa revolución femenina que llegará en un razonable plazo de tiempo (sobre todo si lo comparamos con los miles de años de sumisión femenina) a cambiar radicalmente una situación de dominio por la fuerza del hombre sobre la mujer. Pero ¡cuidado! El hombre no va a ceder sus privilegios con facilidad porque sigue estando sujeto a la Primera Ley, la Ley de la

Supervivencia, y sigue, por tanto, siendo absolutamente egoísta. El ejemplo más evidente lo tenemos en las sociedades musulmanas, en la sociedad india y en muchas otras.

A medida que la mujer asuma las mismas actividades del hombre, ambos egoísmos se irán equilibrando, ya que la ley de la fuerza, hasta ahora totalmente decisoria entre ambos sexos, se está debilitando a un ritmo cada vez más rápido, al menos, en el mundo occidental y en los países orientales democráticos desarrollados, a medida que la mujer también está aprendiendo a utilizarla a su favor.

Hoy día muchos hombres como mujeres estamos trabajando para cambiar la forma de entender el mundo, aunque aún haya mucho camino por recorrer. Pero el siglo XXI debe ser vuestro siglo: EL SIGLO DE LA MUJER.

6.1.3.- Preguntas que debemos plantearnos

¿Es el ser humano capaz de cambiar intrínsecamente o, al menos, orientar el funcionamiento de estas tres leyes hacia un egoísmo social, llamado solidaridad y tolerancia, que abarque a toda la humanidad?

¿Podremos controlar nuestras tendencias innatas hacia el egoísmo, la agresividad, el abuso, la deslealtad, la desconfianza en los demás, la corrupción, la ambición, la avaricia y tantos otros que han venido formando parte de nuestra naturaleza durante tantos milenios?

Y, sobre todo, ¿seremos capaces de entender y aceptar la inmensa responsabilidad que deben asumir las mujeres en este nuevo entorno social del siglo XXI?

No tenemos otra alternativa que contestar "SI" a las tres preguntas fundamentales, aunque el camino por recorrer va a resultar muy duro y difícil. Y ese camino estrecho, con tremenda pendiente cuesta arriba y con enemigos fortísimos acechando, solo será posible recorrer si somos capaces de crear una nueva generación de personas con una visión diferente. La historia de esos pocos Homo Sapiens que han controlado, dominado, guiado y abusado de todo el 99% restante, utilizado como ganado sin cerebro, seguirá igual si no aprendemos a utilizar nuestras capacidades e imponer nuestra "nueva forma de pensar y actuar".

¿Podremos fomentar y desarrollar nuestras capacidades también innatas para dominar nuestras tendencias innatas?

¿Podemos conseguir que el interés de las mayorías se imponga por primera vez en la historia al interés de unos pocos?

Para ello necesitamos conocer en profundidad dónde estamos en este año 2025, quién es nuestro enemigo, como piensa y por qué actúa como actúa y cuáles son las armas que hemos de utilizar para vencerlo.

6.1.4.- Nuestro reto y utopía: hombres y mujeres

La mujer es la nueva protagonista del cambio en la especie humana, aunque aún habrá muchos hombres que se resistirán y no se lo pondrán fácil, ya que a ningún Homo Sapiens le gusta perder privilegios mantenidos durante tantos miles de años. Los que realmente debemos cambiar somos nosotros, los hombres. ¿Es posible que la creciente desigualdad social provocada por el Neoliberalismo y sus crecientes manifestaciones sociales de insatisfacción puedan llevarnos a situaciones extremas? ¿No es cierto que los movimientos de extrema derecha están creciendo en todo el mundo y que proclaman a voz en grito sus aspiraciones dictatoriales? ¿Qué está pasando en todo Europa, donde el fantasma de la extrema derecha crece y crece?

La historiadora francesa Michelle Perrot nos habla de nuestra actualidad en estos términos: "Incluso en Francia queda mucho por hacer. Mire las diferencias salariales. En el mundo laboral y en la política. Y las mujeres tenemos un gran problema: hoy hay muchas familias monoparentales que en un 80% son mujeres. Y se encuentran en una situación inferior socialmente."

Y Melvin Konner añade: "Estamos al comienzo del fin de la supremacía masculina, que podría llevar décadas, pero creo que estamos en el proceso. Las mujeres serán mejores protectoras de la tierra, mejores guardianas de la humanidad. Y sin desplazarnos ni dominarnos, pueden ayudarnos a crear colaboraciones de hombres y mujeres, que incluso podrían protegernos a los hombres de los peores aspectos de nosotros mismos".

Y según Miguel Focart: "Luchar en defensa de los derechos de las mujeres es luchar por los derechos de todos nosotros". Es importante fomentar unos conceptos nuevos de masculinidad y feminidad: hombres que se sientan cómodos asumiendo labores antes destinadas exclusivamente a las mujeres y mujeres que igualmente desarrollen trabajos y funciones supuestamente masculinas con plena responsabilidad".

La mujer está acostumbrada a ser la sombra del hombre, la sombra y su sostén en tantas ocasiones. Hoy, en el siglo XXI, empezamos a reconocer que realmente son ellas la base de nuestro presente y también de nuestro futuro. Y creo que las mujeres se están dando cuenta de ello. ¡Ya era hora!

Los hombres necesitamos más que nunca a las mujeres en esta sociedad en permanente evolución y cambio, ahora que la ley de la supervivencia se está compartiendo más y mejor entre todos los Homo Sapiens, hombres y mujeres, y que la ley de la fuerza está modificando sus formas de actuación.

6.1.5.- Sobre el papel de la mujer en el siglo XXI

El cambio de estilo político y aportaciones de la mujer en el espacio político del siglo XXI podemos resumirlo en la versión de Jacinda Ardern nos da sobre su forma vocacional de entender la política que, según ella, debe consistir en:

"1.- Liderazgo político: Aceptando los errores y eso significa que, cada cierto tiempo, puedes darte un traspié y que hay que reconocerlo. Todo el mundo verá tus fallos, pero también que eres honesto/a. La gente necesita autenticidad, no una idea prefabricada sobre lo que debe ser el liderazgo político. Cuando me equivoco, me regaño y no lo llevo muy bien. Nada bien, en absoluto. Por eso, el mejor consejo que puedo ofrecer es hablar con la gente, hablar con los que te entienden, con los que han estado en el mismo sitio que tú, los que pueden ayudarte a pasar página.

2.- La cualidad fundamental para el liderazgo: La amabilidad, no tener miedo a ser amable, regirme por la empatía. Una de las cosas tristes que veo en el liderazgo político es la asunción de que no puedes tener esas cualidades, que el énfasis debe estar en la fuerza y la asertividad (habilidad que permite a las personas expresar de manera adecuada, sin hostilidad ni agresividad, sus emociones, opiniones y sentimientos, tanto positivos como negativos, frente a otra persona). Un liderazgo fuerte y eficaz debe estar basado en la empatía y la honradez: ser una líder que invita a la gente a participar, en vez de ordenarles que lo hagan.

3.- ¿Dónde encuentro la fortaleza en los momentos difíciles?: En la gente y en que quiero hacer cambios que perduren. En política sabes que cinco minutos después de irte, tu tiempo ha acabado. La gente no recordará tu nombre, si acaso lo que hiciste. Si sobrevive algo, entonces habrás marcado la diferencia, habrás tenido éxito. Si has marcado la diferencia respecto al cambio climático o en la lucha contra la pobreza, puedes estar orgulloso/a. ¿A quién le importa quién lo hizo?

4.- ¿Qué te ha sorprendido aprender estando al frente de la nación? Que hacerse una coraza, una piel dura a las críticas significaría que había perdido la empatía. En vez de eso, he aprendido a filtrar las críticas, a incorporarlas y a escucharlas para saber si me van a ayudar o no. Fue un gran aprendizaje. El mundo no necesita políticos de piel dura, necesita personas sensibles a los problemas. Si en política recoges ofensas y rencores, la perjudicada eres tú. Hay que seguir adelante. Hay cosas que me irritan y me duelen, pero hay que seguir adelante.

5.- ¿Qué necesitamos ahora mismo?: Poner en valor nuestra humanidad. Somos un mundo muy diverso, con muchas diferencias étnicas, culturales, religiosas, pero cuando nos golpea la tragedia y quitas todas esas capas, compartimos la misma humanidad. Debemos recordar esto más a menudo.

6.- Las mujeres ante el mundo: Hay dos temas que las mujeres casi siempre nos encontramos de forma universal: las barreras para ejercer el liderazgo y el evidente sexismo que existe en la sociedad actual. Tenemos mucho que avanzar en este campo. También hay una falta de confianza en nuestras mujeres, algo que empieza desde que somos muy pequeñas. Reflexiono sobre cómo fueron las cosas para mí e intento hacer ver a las demás que podemos convertirnos en una barrera para nosotras mismas. Ya hay bastantes obstáculos en este mundo para que seamos uno también nosotras. ¡No nos pongamos ni barreras ni límites!"

Estos principios o razonamientos nunca han sido descritos por un político (hombre) poderoso que yo conozca, al menos con tanta claridad y sencillez. Según mi criterio, algo muy, muy importante está cambiando el mundo y ese algo no es más que la participación de "la mujer" en todos los ámbitos económicos y sociales en los que su presencia estaba vetada por la Ley de la Fuerza. ¡Qué diferente a lo que estamos acostumbrados a ver en la TV, en la prensa y en las redes sociales de nuestros supuestos países democráticos!

Pero Jacinda Ardern (nacida en 1980) ya no es la primera ministra de Nueva Zelanda. Ha luchado duro, pero la presión política ha podido con ella. En febrero de 2023, habiendo ocupado el más alto cargo político de su país desde 2017, presentó su dimisión alegando "falta de energía" para seguir con esa responsabilidad. Ha escrito un ensayo exponiendo su experiencia.

La escritora nicaragüense Gioconda Belli ha escrito una novela denominada "El país de las mujeres" en el que imagina un país liderado por mujeres, en el que se realizan cambios orientados a respetar la sensibilidad de la mujer, la conciliación laboral y familiar y la igualdad entre hombres y mujeres. Las protagonistas son mujeres reales con errores y miedos, pero con iniciativa, responsabilidad y trabajo en equipo con una misión clara: llegar a la igualdad. El libro aporta ideas políticas, educativas, empresariales, de defensa y seguridad del país y supone un acercamiento imaginario a un mundo ideal. Y nos aporta una conclusión personal muy interesante: la biología femenina equipada para la maternidad le da a la mujer una capacidad mayor que al hombre para la toma de conciencia del otro y esta capacidad la considera fundamental y la base para la buena gestión de lo público.

Podríamos afirmar que, en general, la forma de entender la política por parte de la mujer es menos bronca y soberbia, más práctica, prudente y flexible que la de los hombres. Javier Cercas en el artículo "Es el tiempo de las mujeres" nos expresa sus opiniones: "Tiendo a asociar con las mujeres (al menos con las mujeres que no llevan un hombre dentro) esa política más humilde, menos dogmática y vanidosa. Esta es la gran revolución de nuestro tiempo: la revolución de las mujeres. Una revolución que no pueden hacer solas las mujeres, porque nos atañe a todos".

Así como hay políticos buenos, regulares y malos, también habrá políticas buenas, regulares y malas, porque todos estamos sujetos a las tres leyes de la naturaleza humana. Necesitamos muchas más mujeres que se atrevan a luchar por su lugar en esta sociedad tan compleja y que tanto las necesita y que participen directamente en la construcción de un futuro que tenemos que hacer juntos, mujeres y hombres.

Tomemos como ejemplo a la economista búlgara Kristalina Georgieva, tal como nos lo expone Joaquín Estefanía en su artículo

"Fuego contra el cuartel" en El País: "Es un hecho reconocido que el Fondo Monetario Internacional, desde que ella llegó, ha dado un giro estratégico en los últimos tiempos deviniendo en una institución multilateral y cuasi-progresista y olvidándose de su siniestro pasado".

Desde setiembre de 2019 es la directora general del FMI y dio una respuesta excelente y muy rápida a la pandemia, otorgando fondos para abordar la crisis sanitaria y mantener a los países a flote, defendiendo con éxito una emisión de 650.000 millones de dólares de "dinero" del FMI. Ha situado al FMI en un papel de liderazgo global en respuesta a la crisis existencial del cambio climático, apoyándose en las tesis del premio Nobel de Economía Joseph Stiglitz.

No puedo más que estar absolutamente de acuerdo con Rosa María Sardá, quien poco antes de morir, dijo en una entrevista: "Me he desenamorado de la palabra empoderamiento: ¿Qué es eso de mujeres empoderadas? Yo hablaría de mujeres preparadas, cultas, capaces..."

Termino esta exposición afirmando que es importante fomentar una nueva masculinidad: hombres que se sientan cómodos asumiendo labores domésticas y familiares. Por supuesto, los hombres debemos trabajar por el cambio y asumir nuestra responsabilidad. Y me quedo con la frase de Mary Wollstonecraft, quien nos dejó el siguiente mensaje: "No deseo que las mujeres tengan poder sobre los hombres, sino sobre ellas mismas"

6.1.6.- Sobre el cambio de estatus

Debemos luchar por compartir y conseguir la igualdad:

- En la casa
- En el trabajo
- En la política
- En todo el mundo

No puedo sustituir la mirada de la mujer, pero si soy consciente de que la historia de la humanidad, tal como se ha expuesto en este ensayo, ha sido una historia dirigida y contada por hombres, para hombres y sólo de hombres y que ha sido desastrosa, cruel e injusta para la inmensa mayoría de la humanidad y, en especial, para la mujer. El poder y la ambición de unos pocos, muy pocos hombres, ha predominado siempre y todos los demás hombres y mujeres hemos sido utilizados para defender y ampliar sus prerrogativas.

En el siglo XXI la mujer está entrando en la Historia del HOMO SAPIENS por primera vez como verdadera protagonista, no tal o cual mujer excepcional en unas circunstancias excepcionales como ha sido hasta la fecha, aunque debe hacerlo sin perder su esencia, y esto puede y debe ser tremendamente enriquecedor para todos.

Estamos viviendo una REVOLUCIÓN DIFERENTE, sin que aún nos hayamos ni siquiera dado cuenta. El sociólogo y filósofo francés Gilles Lipovetsky nos comenta: "No creo que el futuro del feminismo sea el "Me Too", porque fomenta una cultura exclusivamente feminista. El verdadero feminismo lo están llevando a cabo las mujeres que saben responder a los hombres, son las empresarias, pilotos de avión, cirujanas, juezas, etc., que hacen esos trabajos porque les gusta y no porque son "trabajos de mujer". Y estoy plenamente de acuerdo, aunque el movimiento "Me Too", como todos los movimientos por la igualdad, también es necesario y tiene su razón de ser.

La mujer ya está acercándose al protagonismo de primera línea de la historia, al mismo nivel que el hombre. Y es su responsabilidad la de derribar la Segunda Ley de la Naturaleza Humana, la Ley de la Fuerza, allí donde el abuso del hombre sobre la mujer sea más evidente y hacer uso de dicha ley en otros, y en especial, allí donde el hombre se oponga a ceder esos privilegios que ha mantenido durante miles y miles de años (la religión, la educación, el cuidado de los hijos, la política, el poder, Etc..).

Yo reconozco que no va a ser fácil ya que basta con mirar al cercano Oriente y a Afganistán y a todos los países dominados por la religión musulmana: esas personas no son diferentes a nosotros, solamente han recibido una educación diferente. Esos yihadistas que no dudan en esclavizar a otros hombres y mujeres, en matar a los considerados infieles, en considerar a la mujer como un objeto de su propiedad y nada más, no son diferentes a nosotros, a vuestros maridos y vuestros hijos.

Esos yihadistas tienen nuestras mismas características genéticas y la única diferencia es la educación y/o cultura recibidas, fruto de una religión interpretada a su manera, del ámbito social en el que les ha tocado vivir y de la oportunidad de hacer uso de sus tendencias de dominio más ancestrales sin el control de una comunidad sino con el aliento de sus dirigentes.

Así somos los HOMO SAPIENS, todos los HOMO SAPIENS, que sólo necesitamos la oportunidad para que surjan de nuestro interior los peores instintos, o, mejor dicho, nuestras tendencias más naturales, las más propias del HOMO SAPIENS, siempre vinculadas al egoísmo, a la ambición y al poder. Nuestras tendencias sólo necesitan "la más mínima oportunidad" para aparecer, crecer, y hacerse dueñas de nosotros. Y para controlarlas, necesitamos "EJERCITAR NUESTRAS CAPACIDADES" y, sobre todo, fomentar la EDUCACIÓN.

Pero en nuestros propios países occidentales están apareciendo fuerzas muy potentes que propugnan volver al "histórico" dominio masculino sobre la mujer. El avance de los sectores populistas que pugnan por los "hombres fuertes en el poder" no son más que un síntoma de la respuesta del hombre ante la evolución del incremento de poder de la mujer en las sociedades occidentales. Todos los machistas del mundo, todos los descontentos con las nuevas capacidades de la mujer están votando a la extrema derecha, a los "hombres fuertes", a los "machos" que se dedican a insultar y menospreciar a todos/as los/as que no están conformes con su forma de pensar.

El camino a recorrer es, pues, todavía muy grande, pero ya la mujer y muchos hombres hemos empezado la andadura y tenemos los objetivos claros: la igualdad y la enorme necesidad de que la mujer ejerza las funciones que le corresponden al mismo nivel que el hombre.

Según un estudio muy reciente de Harvard Business Review:

- Las mujeres tienen menos autoestima y menos seguridad que los hombres hasta los 40 años.
- A los 40 años se igualan.
- hasta los 60 años la autoestima va creciendo lentamente en ambos sexos, manteniéndose pareja.
- A partir de los 60 años la confianza de los hombres comienza a declinar y la de las mujeres sigue subiendo.

¿Y por qué esperar a los 60 años para demostrar vuestra autoestima? ¿Por qué, estando mejor preparadas que los hombres como estáis, no dais el paso al frente a los 20 años en vez de darlo a los 60?

La mujer, cada mujer debe ser consciente de que el cambio hacia la autoestima y el empoderamiento sólo lo puede llevar a cabo ella y esto es lo fundamental, el desarrollo de sus propias capacidades. Pero cada mujer debe ser consciente también de que es necesario un cambio absoluto de actitud: debe pasar a ser la verdadera protagonista de nuestro presente y del futuro de nuestros hijos y nietos.

CUIDADO: ¿Qué precio tendrá esto para la mujer?

La transformación de una actitud pasiva de dejarse llevar y luego victimizarse, a una nueva actitud, la de asumir la responsabilidad de recorrer el duro camino hacia la igualdad con el "macho hasta ahora dominante", tiene un precio, porque el camino va a ser duro y cuesta arriba por la resistencia a la pérdida de privilegios del hombre, que a nadie gusta. Pero hay que pagarlo para conseguir una sociedad justa.

CUIDADO: El mayor precio lo pagaremos todos si la mujer se achata, se acobarda y por miedo a las potenciales consecuencias de pérdida de algunas mínimas prerrogativas "femeninas", no se atreve a dar los pasos necesarios para avanzar y discutir al hombre su posición de protagonismo único por otro de protagonismo compartido en el futuro del HOMO SAPIENS.

Es la mayor revolución pendiente, pero ya está en marcha.

6.2.- LA MUJER ANTE LA DEMOCRACIA

6.2.1.- ¿A qué llamamos Democracia?

La democracia es el sistema político que defiende la soberanía del pueblo y el derecho del pueblo a elegir y controlar a sus gobernantes. También llamamos democracia al sistema de relaciones de un grupo humano basado en la participación de sus miembros en las decisiones sobre los asuntos importantes que les afectan.

Pero todo ser humano es corruptible y debemos diseñar unas instituciones democráticas capaces de autocontrol, capaces de hacer posible, como bien lo expone Daniel Innerarity, que los ciudadanos estemos tranquilos y seguros, que nuestros representantes ejerzan sus funciones políticas de forma eficaz y eficiente y siempre al servicio del pueblo. Debemos diseñar una democracia fundamentada en la presencia de personas, hombres y mujeres, vocacionales y leales a la comunidad.

6.2.2.- El paradigma de Martha Nussbaum

También es muy recomendable tener en cuenta el concepto de democracia de la filósofa estadounidense Martha Nussbaum: "La libertad democrática debe incluir, entre otras, las siguientes libertades imprescindibles de obligado cumplimiento:

- Libertad de comer y de beber agua potable
- Libertad de vivir
- Libertad de educación
- Tener acceso a la sanidad
- Tener acceso a la justicia
- Tener acceso a la cultura
- Libertad de pensamiento
- Libertad de expresión
- Libertad para estar verazmente informado

Martha Nussbaum propugna un nuevo modelo o paradigma: "La auténtica riqueza o progreso de un país solo puede plantearse centrando la mirada en el bienestar de los individuos más desfavorecidos". Nos habla de condiciones mínimas de una vida digna con carácter universal:

1.- La vida misma: Poder vivir hasta el término de una vida humana de duración normal: no morir de forma prematura o antes de que la propia vida se vea tan reducida que no merezca la pena vivir.

2.- Salud física: poder mantener una buena salud incluida la salud reproductiva y ello requiere recibir una alimentación adecuada y disponer de un lugar adecuado para vivir.

3.- Integridad física: poder moverse libremente de un lugar a otro, lo que supone estar protegido de los asaltos violentos, incluidos los asaltos sexuales y la violencia doméstica y también disponer de oportunidades para la satisfacción sexual y para la elección de cuestiones reproductivas.

4.- Sentidos, imaginación y pensamiento: poder usar:
-       4.1.- Los sentidos, la imaginación, el pensamiento y el razonamiento y hacerlo de modo "auténticamente humano", un modo que se cultiva y se configura a través de una educación adecuada
-       4.2.- Poder usar la imaginación y el pensamiento para la experimentación y la producción de obras y eventos
-       4.3.- Poder usar la propia mente con garantías de libertad de expresión en todos los campos y
-       4.4.- Poder disfrutar de experiencias placenteras y evitar los dolores no beneficiosos.

5.- Emociones: Poder mantener relaciones afectivas con personas, animales y objetos distintos a nosotros mismos y poder amar, experimentar emociones, gratitud y enfado justificado. Que nuestro desarrollo emocional no quede bloqueado por el miedo o la ansiedad.

6.- Razón práctica: poder formarse una concepción del bien y reflexionar críticamente sobre los propios planes de vida, lo que implica libertad de conciencia.

7.- Afiliación:
-    7.1.- Poder vivir con y para los otros, reconocer y mostrar preocupación por otros seres humanos.
-    7.2.- Que se den las bases de autorrespeto y dignidad de todos introduciendo disposiciones contrarias a la discriminación por sexo, raza, orientación sexual, etnia, casta, religión y origen.

8.- Otras especies: poder vivir una relación próxima y respetuosa con los animales, las plantas y el mundo natural.

9.- Juego; poder reír, jugar y disfrutar de actividades recreativas.

10.- Control sobre el propio entorno:
-    10.1.- Político: Poder participar en las elecciones y la protección de la libertad de expresión y asociación.
-    10.2.- Material: Poder disponer de propiedades y ostentar derechos de propiedad, derecho a buscar trabajo en igualdad de condiciones a los demás, no sufrir persecuciones y detenciones sin garantías; poder trabajar como un ser humano".

Como nos lo expuso el autor Max Gallo en su obra "Napoleón": "Gobernar supone un trabajo sin descanso, una vigilancia permanente, una voluntad en constante tensión". ¿No hay acaso entre nosotros personas capaces para ello? ¿Y las mujeres dónde estáis?: Es una labor de todas y todos.

6.2.3.- La lucha por una Democracia real

Es mucho más fácil contarlo y desearlo que conseguirlo, pero, en todo caso, luchar por una democracia real y por un control real del gobierno es una obligación y una necesidad. El objetivo de todos nosotros, mujeres y hombres, ha de ser el de conseguir que los gobiernos defiendan los intereses de la mayoría y los derechos humanos, al mismo tiempo que trabajen por el máximo razonable de libertad del ser humano compaginándola con la seguridad suficiente para una convivencia y con el esfuerzo total por la igualdad: esta debe ser la meta de toda sociedad democrática.

6.3.- EL RETO: LA REACCIÓN NEOLIBERAL MASCULINA

6.3.1.- El relato de Trump

Como nos lo expone Juan Gabriel Vásquez: "Trump montó un relato basado en el resentimiento, el agravio, el odio, el desprecio y la violencia y millones de votantes lo dieron por bueno. Su ficción no consistía en que EEUU volviera a un pasado más grandioso, sino que se defendiera de un presente horrible: un presente distópico, un presente de espanto donde:

- Hordas de extranjeros liberados de las cárceles y los manicomios del Tercer mundo estaban invadiendo nuestras ciudades, violando a nuestras mujeres, comiéndose nuestras mascotas y envenenando la sangre de nuestra patria y donde:
- El "enemigo interior" estaba destrozando nuestras libertades, abortando niños después de nacidos y cambiándoles el sexo por la fuerza cuando se iban a la escuela.

Son palabras de Trump, pronunciadas en público y ante las cámaras, y aplaudidas a rabiar por los suyos. La gran lección que la victoria de Trump deja para todos los aspirantes a mandamases autoritarios del mundo entero es que no hay ficción tan extrema, ni mentira tan grande, que no pueda ser aceptada por la sociedad.

Sólo se necesitan dos ingredientes:

- Por un lado, una ciudadanía vulnerable, atemorizada, desinformada o crédula
- Por el otro, un líder cuyos escrúpulos sean inversamente proporcionales a su desespero.

Para Trump volver al poder no era una cuestión de codicia, sino de supervivencia: ser presidente era la única manera de no acabar en la cárcel, vestido con un mono del color de su maquillaje. Su larga vida de violador de todas las normas y de muchas de las leyes, le estaba dando alcance. El eterno acosador sexual a quien el traficante de menores Jeffrey Epstein consideraba su mejor amigo, el acusado por las 20 acusaciones verosímiles de más de 20 mujeres, el que se jactó de sus acosos en una conversación privada que es imposible escuchar sin asco, ya ha sido obligado a pagar unos 90 millones de dólares por difamar a una de sus denunciantes y esa condena civil abre la puerta para la consideración penal de sus varios excesos.

El negociante estafador que se ha pasado la vida haciendo trampas, que todavía no ha cumplido con la tradición presidencial de publicar su declaración de renta, que se enorgullecía de no pagar los impuestos debidos, ya ha sido condenado por 34 delitos y hace unos días ha escuchado otra sentencia condenatoria, pero sin penitencia por haber sido elegido presidente de EEUU.

El superpoder de Trump es su incapacidad para sentir vergüenza: igual que una muerte es una tragedia, pero un millón de muertes es una estadística. Trump ha descubierto que una mentira puede acabar con un político, pero decenas de miles de mentiras repetidas hasta el cansancio lo llevarían a la Casa Blanca. Este es el rasgo más pintoresco y a la vez más peligroso de Trump: la capacidad inverosímil no solo para mentir, sino para sostener la mentira incluso cuando todo el mundo está viendo la verdad.

6.3.2.- Sobre la manipulación de sentimientos

Según el neurocientífico Antonio Damasio, somos seres con sentimientos que también razonan. Hoy sabemos que las emociones evolucionaron independientemente de nuestra capacidad cognitiva, lo cual nos lleva a tener conflictos internos cuando interactuamos con el mundo. Esto nos ayuda a comprender lo fácil que somos de manejar y manipular los seres humanos: le basta a una persona hábil tocar los sentimientos de las personas, su punto de insatisfacción personal y buscar un culpable, para que esas personas se dejen conducir como un rebaño de ovejas, creyendo que quien es su pastor va a preocuparse de ellas. Basta con definir culpables como los inmigrantes (los más débiles del escalafón social) o el gobierno anterior y con insatisfacciones alimentadas por los medios (la carestía de la vivienda o de los alimentos o de la gasolina, el número exagerado de personas en riesgo de pobreza, la foto de tres jóvenes inmigrantes cometiendo un robo, unas cifras exageradas del paro y, como hacen todos los periódicos de la derecha, la constante presentación de factores negativos, de problemas no resueltos por el gobierno socialista, etc.) para que la indignación popular siga creciendo, aunque estemos viviendo el mejor momento de la historia de la humanidad.

Basta pues con alimentar la tercera ley de la naturaleza humana, es decir, la insatisfacción innata permanente del ser humano, para que gran parte del pueblo se sienta (no razone) disgustado y vote por quien promete de forma grandilocuente y sin argumento sólido alguno el cambio y la vuelta a tiempos mejores.

Las emociones demasiadas veces nos dominan y permanecen en nosotros de forma que incluso pasado mucho tiempo mantenemos una carga de ansiedad. Eso crea problemas. En este caso la reflexión interna o la meditación son instrumentos útiles para mantener la calma o templar los nervios y recuperar la autoestima y la autoconfianza.

Y también influye el notorio avance de las mujeres en la sociedad actual. Hemos de reconocer también que los movimientos políticos ultraconservadores han vuelto a reclamar la vuelta al dominio patriarcal. El filósofo Daniel Innenarity se pregunta:

"¿A qué se debe esa nostalgia por un tipo de liderazgo viril tipo Trump, Salvini, Abascal o Putin? Y se responde a sí mismo: Son votados por los reaccionarios tradicionales de la derecha, pero también por trabajadores que hasta hace no mucho votaban a la izquierda. Es un mecanismo de compensación ante la nueva configuración de los papeles masculino y femenino y ante el avance de la lucha por la igualdad. El retorno del macho alfa supone un intento de vuelta a los patrones tradicionales, ya que la dominación masculina se resiste a ceder y quienes se sienten inseguros votan a los machos alfa".

Hanna Arendt nos expone: "Los ciudadanos se sientes atraídos por este tipo de movimientos populistas debido a dos razones:
1.- Les proveen de un sentido de pertenencia.
2.- Estas propuestas de soluciones fáciles a problemas complejos hacen que el mundo parezca menos caótico".

6.3.3.- El nuevo campo de batalla

Ha aparecido un nuevo campo de batalla que hay que diagnosticar adecuadamente: no es exactamente una lucha de géneros, tampoco se trata del clásico combate por la igualdad, sino la confrontación de tipos de poder y valores tradicionales asociados a los hombres y las mujeres. Estos movimientos plenamente machistas están dirigidos y controlados por esa mínima élite neoliberal que actualmente domina la economía mundial y está pretendiendo dominar también la política mundial por medio de los partidos populistas de ultraderecha.

Y en el enfrentamiento contra esta tendencia retrógrada, clasista, abusiva y antinatural debemos participar todos, tanto los hombres que nos sentimos responsables por el simple hecho de ser los hacedores de una historia condenable desde todos los puntos de vista, como las mujeres que debéis asumir la responsabilidad de participar en esta lucha, que será larga y permanente, porque los hombres ya hemos demostrado demasiadas veces que yendo solos somos unos verdaderos inútiles para conseguir los cambios necesarios.

Pero no pensemos que vayan a desaparecer las leyes de la naturaleza humana, porque ello es imposible. Hoy día la LEY DE LA FUERZA ha pasado de los Estados al movimiento neoliberal, es decir, a las organizaciones auspiciadas por los grandes grupos empresariales, que han reinventado el capitalismo, mientras los políticos clásicos se han quedado dormidos y están perdiendo sus prerrogativas y la confianza de sus votantes a marchas forzadas. El Neoliberalismo está apoyando a los grupos políticos de extrema derecha y la influencia de éstos está creciendo con demasiada rapidez en el mundo entero.Tengamos muy en cuenta que, como lo expuso la novelista, profesora y activista política canadiense Margaret Atwood: "La primera medida de un régimen totalitario siempre es ir contra los derechos de las mujeres".

Todos necesitamos la visión humanizadora de la mujer para intentar alcanzar la UTOPÍA de la máxima igualdad posible. Sin la mujer es imposible. Sin la mujer seguiremos funcionando igual que durante los últimos 12.000 años, utilizando la violencia y las guerras contra otros seres humanos para alcanzar más poder, para conseguir ser más ricos, pero siempre unos pocos, con una desigualdad económica inmensa y creciente. Sólo la mujer y el hombre en armonía y entendimiento pueden conseguir "democratizar el beneficio", cambiar el orden de valores. La sociedad humana necesita más que nunca de la mujer. Creamos en la UTOPÍA.

6.3.4.- Nuestra respuesta ante la reacción neoliberal de los hombres

El capitalismo como sistema económico no tiene alternativas, porque se adapta como un guante a las tres leyes de la naturaleza humana, pero si el neoliberalismo, cuyos excesos benefician a muy pocas personas en detrimento de la gran mayoría.

El Neoliberalismo ha estrechado el sentido de la democracia hasta reconvertirlo en una oclocracia controlada, al menos en EEUU y en cada vez más número de países, por una minoría de tecnócratas económicos. El 52% de los senadores y congresistas americanos es multimillonario y todos los que se presentan a gobernadores, senadores, congresistas y a la propia presidencia del país se apoyan en donaciones de grandes empresas y multimillonarios, de forma que se hipotecan con los donantes y devuelven en especie los favores recibidos.

¿Dónde quedan los derechos humanos? ¿Dónde la promesa de la Democracia como sistema político del pueblo y para el pueblo?

Como nos lo explica Andrea Rizzi: "En cuanto a esperanza de vida, índices de alfabetización, incidencia del hambre y todo lo demás estamos en el mejor de los tiempos. Sin embargo, la pugna política en Europa y en Occidente es crítica. Los partidarios de un inquebrantable respeto de los derechos humanos y de una adhesión al espíritu de la democracia estamos perdiendo. Van ganando bajo el fuerte empuje de las narraciones ultraderechistas, posiciones que erosionan los unos y la otra.

El problema fundamental que tenemos no es solo el terreno perdido hasta ahora, sino la perspectiva. Ante esta erosión no se vislumbra ninguna señal de auténtica fortaleza política como para contrarrestarla. El gobierno alemán y el francés tienen serios problemas con la ultraderecha. Italia y Países Bajos están en manos de la ultraderecha. En España resiste un gobierno socialdemócrata, pero su debilidad interna le resta capacidad de proyección. El camino no es alentador. Pero no cabe resignación. Esta columna se titula "estamos perdiendo", no "hemos perdido". Toca encajar golpes y seguir trabajando".

Como nos alienta a pensar Anne Applebaum: "Somos camaradas naturales. Nuestros principios e ideales y las alianzas que hemos construido en torno a ellos son nuestras armas más poderosas. Debemos actuar en nombre de nuestras convicciones comunes:
- que el futuro puede ser mejor
- que se puede ganar la guerra
- que se puede volver a derrotar al autoritarismo
- que es posible la libertad y
- que es posible una verdadera paz en este continente y en todo el mundo".

Mucho habrá que cambiar. Hemos de poner al pueblo por delante y hemos de exigir que nuestros políticos lo entiendan alto y claro. La dignidad de todas las personas se pone en entredicho cuando los intereses de unos pocos muy poderosos se ponen de acuerdo con gobiernos supuestamente democráticos, pero dominados por ellos.

Como nos lo expone la escritora y filósofa Clara Serra: "El mensaje más exitoso de la extrema derecha a los hombres ha sido: Si las mujeres avanzan en derechos y conquistan libertades, son los hombres quienes las pierden. De esta forma utiliza el principio de "divide y vencerás": si divides a los de abajo y los pones a pelear entre sí".

Defender los derechos humanos es defender al pueblo, pero solo será posible si las mujeres y los hombres asumimos nuestras responsabilidades y recorremos juntos el camino.

6.4.- SOBRE LA ECONOMÍA Y LA POLÍTICA

6.4.1.-¿Es posible encajar el Sistema Capitalista en una Democracia verdadera?

Hemos de reinventar unas normas de control de la economía por la política y adaptarlas al siglo XXI y a la Inteligencia Artificial. Son ideas sobre las que reflexionar porque se trata de seguir con un sistema capitalista, porque no hay otro que responda a las Leyes de la Naturaleza Humana, pero compatibilizándolo con una democracia verdadera.

¿Cómo podemos crear unas normas de juego compatibles al mismo tiempo con el capitalismo y con una democracia verdadera a nivel mundial?

Como ya he expuesto anteriormente, no se trata de cerrar el paso ni de poner barreras al inmenso rio de la economía capitalista, sino de controlarlo, de canalizarlo cuando sea necesario y de poner controles a las potenciales grandes avalanchas de agua que puede acarrear, multiplicando las actividades humanas orientándolas al beneficio del mayor número de personas posible y no del de unos pocos e intentando al mismo tiempo conseguir del río el máximo rendimiento. No buscamos limitar nuestra creatividad, innovación e inversión, pero si debemos conseguir que las empresas sean más respetuosas siempre con los Estados y, sobre todo, con sus ciudadanos.

El monopolio y el oligopolio son dos figuras que definen un mercado en el que el número de vendedores de productos y/o servicios determinados son uno o unos pocos, de forma que llegan a controlarlo y a imponer los precios y condiciones que ellos quieran.

En este año 2025 las grandes empresas tecnológicas americanas (Google, Microsoft, Apple, Amazon…) y chinas (Alibaba, Huawei, Tencent, Ant Financial…) forman un oligopolio tecnológico que controla todo el mercado mundial y, sobre todo, está cerrando las puertas a la competencia.

¿Cómo evitar que estas pocas empresas lleguen a dominar la tecnología, la información y la política mundial?

¿Cómo conseguir que las desigualdades sociales y económicas actuales se reduzcan y el pueblo sea el máximo beneficiado?

¿Cómo evitar que haya campos de actividad empresarial como los laboratorios, la tecnología, la logística de la distribución y otros sectores estratégicos sigan estando en pocas manos con más poder que los propios gobiernos?

¿Cómo evitar que los ciudadanos quedemos a merced de las decisiones siempre egoístas de los pocos poderosos que las controlan en su único beneficio y sin preocuparse de lo que le pase a la inmensa mayoría de personas?

Hay una única alternativa: una DEMOCRACIA VERDADERA capaz de crear e imponer leyes y reglas de juego económico que eviten los monopolios, duopolios y oligopolios a nivel mundial, al estilo norteamericano de inicios del siglo XX, para evitar los abusos.

Aunque sea demasiado pronto para tomar decisiones definitivas, considero imprescindible enfrentarnos a la actual situación antes de que sea demasiado tarde y las grandes empresas alcancen tal poder que ni los Estados puedan controlarlas.

Propongo varias iniciativas perfectamente compatibles no solo con una democracia verdadera, sino también con el sistema capitalista, que debería analizar la Unión Europea (UE) e intentar poner en marcha lo antes posible, haciéndolas extensivas a todos los demás países del mundo antes de que, como ya he dicho, sea demasiado tarde:

A.- Compartir tecnología

En este aspecto es CHINA la que nos ha dado una lección formidable que debemos aprender, copiar y poner en marcha. La solución es simple: debemos imitar a China y copiar su estrategia exigiendo a todas las empresas que quieran implantarse o simplemente "trabajar y obtener beneficios" en la UE (y cuando hablo de la UE me refiero también a cualquier ZONA o Estado independiente del mundo) la obligación de compartir su tecnología y su participación societaria con empresas de la propia UE.

Hemos de ser humildes y aprender de la mentalidad confuciana poniendo siempre por delante al pueblo y sus necesidades, exigiendo también que un mínimo del 90% de la plantilla laboral esté siempre formado por trabajadores radicados en la zona.

B.- División de las grandes empresas

Sin necesidad de perjudicar directamente los intereses de los accionistas, se busca la reducción del tamaño de las grandes empresas multinacionales obligándolas a dividirse cuando alcanzan cierto tamaño evitando así el potencial monopolio u oligopolio e incrementando la competencia. El objetivo es limitar el poder de los grandes conglomerados empresariales para que sean manejables por los gobiernos y no puedan convertirse en una amenaza para su estabilidad.

Toda empresa que supere un valor real (o bursátil) a nivel mundial de 100.000 millones de dólares o euros (por ejemplo) tendría la obligación automática de dividirse en empresas más pequeñas, por ejemplo, en las siguientes condiciones:

- Evitar toda relación de liderazgo o sumisión entre ellas sin que puedan coincidir los mismos socios en posición dominante en más de una de las empresas del mismo sector.
- Obligar que sean competencia entre ellas.

146

- Separar sus sedes sociales a distintos Estados independientes o zonas económicas, dando un plazo de 3 años para que la mayoría del accionariado sea residente de esa nueva zona.
- Compartir siempre y necesariamente la tecnología para competir después entre las nuevas empresas que surjan de la división.
- Conseguir así que las multinacionales puedan ser controladas, vigiladas y reorientadas por los Estados o Zonas Económicas (como la UE) en aras de cierto nivel de enraizamiento en ellas y sobre todo que ayuden necesariamente a su desarrollo económico y social.

C.- División de los fondos de inversión y grupos financieros

Los objetivos de esta norma son, por una parte, evitar el riesgo de inversiones demasiado fuertes y agresivas en las empresas y, por otra, la de diversificar dichas inversiones. Todo fondo de inversión con un capital que sobrepase los 50.000 millones de euros tendría que cumplir las mismas normas de división y capitalización expuestas para las empresas multinacionales y algunas más por ser consideradas como actividades de inversión a corto plazo y de gran volatilidad.

D.- Eliminar los paraísos fiscales

Hay actualmente en la propia UE países que se han convertido en paraísos fiscales para grandes multinacionales, perjudicando fuertemente a los demás miembros de la propia UE. Holanda e Irlanda son los casos más explícitos. Debemos empezar por barrer la propia casa antes de exigir a los demás que barran las suyas.

6.4.2.- Sobre la revolución necesaria

La revolución pendiente no es contra el poder instituido en un país determinado, sino contra un enemigo mucho más sutil y poderoso, como es el propio sistema neoliberal y contra sus principios filosóficos, además de contra todos quienes pretenden obviar los derechos humanos o libertades básicas. Para trabajar y luchar por un cambio en las políticas económicas y sociales de los Estados es necesario, prioritario e imprescindible un nuevo desarrollo de la conciencia colectiva a nivel mundial, al igual de lo que ha sucedido con la ecología y el feminismo en los últimos cuarenta años.Pero hagámonos la verdadera pregunta:

¿Hacia dónde queremos que vaya este mundo?

Una vez definida la respuesta, la fórmula única que tenemos para conseguir la revolución necesaria es cambiar las normas de juego de las sociedades democráticas, es decir, revolucionar la propia democracia.

Edgard Morín lo expone fenomenal en su ensayo "El paradigma perdido": "La revolución que se impone sobrepasa por mucho todo lo que hasta el momento se entiende por tal, pues se trata a un mismo tiempo de «cambiar la vida» y de «transformar el mundo», de revolucionar el individuo y unir la humanidad, de hacer realidad una meta-micro-mega-sociedad que se articule desde la relación interpersonal hasta el orden mundial. La necesidad de superación se percibe en todas partes. Es posible un nuevo desarrollo de la conciencia, y el talento de la autoorganización, como sabemos, posee la aptitud para alcanzar los más prodigiosos logros".

Hay mucho, mucho camino por andar. Y somos nosotros, las mujeres y los hombres, los que tenemos que caminar.

6.4.3.- Imaginación al poder

Aunque tengamos en gran consideración las viejas costumbres, debemos encontrar nuevas e inauditas soluciones a nuevos problemas con viejos conocidos. El neoliberalismo ha sabido transformarse y adaptarse al siglo XXI con mucha mayor rapidez e inteligencia que los Estados, mientras que el 99 % de hombres y mujeres seguíamos dormidos, sin saber lo que se estaba tramando en «nuestro propio mundo».

Debemos aprender las lecciones que nos presenta la vida y adaptarnos a ellas. Y la primera lección que debemos aprender es que el sistema capitalista es imparable, como el río Amazonas, pero que está en nuestras manos encauzarlo, buscando y aplicando los medios necesarios para conseguir que las aguas que arrastra se distribuyan mejor entre todos quienes las necesitamos y, de esta forma, las desigualdades sociales y económicas sean menores y los repartos más equitativos.

Tengamos siempre presente, como nos lo expone Ramón del Valle-Inclán en su novela Tirano Banderas, que «en la empresa y en la guerra el ánimo y la inventiva son los mejores amuletos». A lo que añado: también en la política y en la vida.

7.- LA MUJER ANTE EL SIGLO XXI: ¿EL SIGLO DE LA MUJER?

7.1.- SOBRE LA SITUACIÓN DE LA MUJER EN LA SOCIEDAD

Hemos de partir de la evidencia de que la inmensa mayoría de las entrevistas fueron realizadas a hombres y que, por lógica, su versión sobre las mismas es masculina y, por tanto, mediatizada o condicionada por ese hecho. En todo caso, es de gran interés conocer la visión masculina para poder comprobar si ha iniciado una verdadera evolución o sigue manteniendo los prejuicios generados durante miles de años.

7.1.1.- La mujer en 2014 según una entrevista a directivos empresariales

Estas son las conclusiones de un estudio de 2014 con 6.700 entrevistas a directores generales de empresas sobre la situación de la mujer en el mundo occidental:

1.- La igualdad de la mujer sigue siendo una utopía.

2.- Las empresas siguen sin tener políticas internas de integración de las mujeres en altos cargos.

3.- Las políticas de igualdad en las empresas ayudarían a crear igualdad de oportunidades (por ejemplo, igual oportunidad salarial, eliminación de lenguaje sexista o horarios flexibles).

4.- Hay mujeres que por temor a abandonar el hogar prefieren evitar sobresalir en las empresas.

5.- Para muchas mujeres el éxito empresarial y la vida familiar resultan irreconciliables por el alto compromiso que ambos exigen.

6.- Muchas mujeres se sienten solas en la lucha por la igualdad.

7.- La incorporación de la mujer al mundo laboral ha sensibilizado considerablemente las políticas empresariales.

8.- La desigualdad tiene mucho que ver con el bagaje cultural. En algunos ámbitos se espera que la mujer adopte actitudes masculinas como señal de liderazgo y competencia. El liderazgo femenino es transformador, pero aún es una materia pendiente (y en mi opinión no debe "masculinizarse", aunque si aprender ciertos valores masculinos).

9.- Cuanto más duden las mujeres de su capacidad más les cuestionarán los hombres (duro pero cierto: vuestro camino lo debéis recorrer vosotras).

10.- El liderazgo no tiene género, simplemente la mujer y el hombre somos diferentes. La igualdad pasa por entender que el liderazgo femenino es distinto, pero no menos eficiente.

11.- Hay que hablar de acciones positivas para dar más oportunidades a las mujeres y más igualdad en todas las áreas. (es necesario exigirlo con hechos, superando la oposición de muchos hombres).

12.- La igualdad es la meta, y la convivencia y las políticas de inclusión la partida.

Resumiendo: Los hombres encuestados se muestran positivos con respecto a las capacidades femeninas para su potencial participación en el mundo empresarial y político de alto nivel, aun reconociendo las diferencias entre los hombres y las mujeres, pero creen que las mujeres parecen no confiar lo suficiente en sus propias fuerzas para apostar y luchar por la igualdad real entre ambos géneros. Recordad que "la unión hace la fuerza" y la división la debilita.

Debemos partir de que siempre habrá hombres que se negarán a admitir la igualdad por considerar que hay territorios supuestamente "masculinos" por el hecho de que en toda la Historia lo han sido, pero cada vez somos más los que reconocemos que para salvar esta civilización necesitamos la participación de la mujer en igualdad plena.

7.1.2.- La mujer ante la pandemia Covid-19

En primer lugar resulta sorprendente y en segundo lugar, me he sentido realmente satisfecho de las capacidades innatas de las mujeres, que avalan con sus hechos ante la pandemia mi consideración de que el siglo XXI debería ser el siglo de las mujeres.

Estoy convencido de que la revolución femenina del siglo XXI puede llegar a ser tan importante como lo fue la Revolución francesa para los hombres, si ellas luchan lo suficiente. Las mujeres están demostrando estar más dotadas para la política en situaciones críticas y esta crisis lo confirmó de la manera más contundente.

De 193 países que hay en el mundo solo 10 estaban dirigidos por mujeres. Y con datos de finales de mayo de 2020:

1.- Alemania y Angela Merkel (científica de formación):

Mantenía a finales de mayo de 2020 un 70% de popularidad, después de 14 años como primera ministra.

Hechos:

En la crisis de 2008 respondió mejor que cualquier otro país.

En la crisis de los refugiados: aceptó 1 millón de refugiados procedentes de Oriente Medio en Alemania, jugándose su carrera política.

Actitud inflexible con la extrema derecha bloqueando cualquier acuerdo con ellos.

Sostuvo y coordinó un acuerdo de gran coalición en Alemania durante los últimos 7 años.

Y dio, entre los grandes países de occidente, la respuesta más eficaz a la pandemia y, por ello, convirtió a Alemania en el país mejor preparado para la crisis económica y social provocada por el coronavirus Covid-19.

¿Qué hizo?

Primero.- Se dirigió al país con un discurso memorable y les dijo: "esta es la mayor amenaza que tenemos desde la 2ª guerra mundial, se puede contagiar el 70% de la población, esto es serio, tomémoslo en serio y la gente le creyó".

Segundo.- Pasó directamente a la acción y formó un gobierno paralelo permanente con los presidentes de los "landers" (regiones autónomas de Alemania), hablando con ellos varias veces al día, activó todos los recursos sanitarios del país y movilizó a todas las empresas de biotecnología y a todas las facultades de medicina de todas las universidades alemanas.

2.- Nueva Zelanda y Jacinda Ardern:

La primera ministra actuó con rapidez y agilidad y cuando solo había seis contagiados en su país y ningún muerto:

1.- Llamó a la población a confinarse voluntariamente y cerró la frontera.

2.- Ella y su gobierno se bajaron el sueldo un 20%.

Según la periodista Anna Jover "Jacinda Ardern se basó en:

A.- La empatía. "Desarrolló la empatía para hacer política". Su popularidad se debió a una imagen honesta y compasiva. Criticó que la política se había convertido en un "deporte sangriento" que causaba apatía y desapego entre los jóvenes.

B.- Un modelo colaborativo: Ofreció un liderazgo basado en un modelo, que se centró en preocuparse y cuidar de las personas. Un modelo opuesto al estilo duro y combativo de Trump y Bolsonaro. Su personalidad fue crucial para combatir la manipulación y el cinismo de la política tradicional, que tendía a socavar el nivel de confianza en los procesos democráticos.

3.- Taiwan y Tsai Ing-Wen

Cuando vio lo que pasaba en China, no esperó un día. En enero de 2020 tomo 124 medidas y ese mes ya fabricaba 2 millones de mascarillas al día.

4.- Islandia y Katrin Jakobsdóttir

Desde el primer día ofreció test gratuitos a toda la población (sintomáticos y asintomáticos). Es el país que más test ha hecho en proporción a la población. Además, montó un sistema exhaustivo de seguimiento de todos los contagiados aislando a todos sus contactos. Ahora tienen los mejores datos del mundo sobre la epidemia y se han permitido hacer un confinamiento selectivo obligatorio para las personas en riesgo y voluntario para los demás. Además, garantizó un sueldo completo a los que se confinaran voluntariamente, aunque perdieran su empleo.

5.- Finlandia: Sanna Marin

Era la jefa de Estado más joven del mundo: 34 años. Reaccionó a toda velocidad y utilizó a los "influencers" de las redes sociales para sensibilizar a la población y ellos son los que difundieron masivamente la información que les suministraba el Gobierno. Es el país más digitalizado del mundo.

Pero a pesar de su excelente gestión política no se libró del acoso de la extrema derecha y bastó que le sacaran unas fotos bebiendo y bailando en una fiesta privada para conseguir, en el plazo de pocos meses, que la prensa y los medios la acusaran de "mal ejemplo" y cayera en las siguientes elecciones. En la actualidad hay una coalición de la derecha y la extrema derecha en el gobierno finlandés.

6.- Noruega: Erna Solberg

Reacciono de forma rapidísima con confinamiento temprano y montó una rueda de prensa dirigida exclusivamente a los niños. Solo ellos podían hacerle preguntas y no les ocultó nada. Les explicó claramente que era correcto que estuvieran asustados y que tomaran precauciones. Los niños se convirtieron en sus mejores aliados ante sus padres a efectos del confinamiento y la toma de precauciones. Consideró que los niños debían saber que los tomábamos en serio en una crisis como esta.

7.- Dinamarca y Helle Thorning-Schmidt

Repitió el modelo. Test masivos, seguimiento continuo de los contagios, confinamiento selectivo y mantenimiento del 70% de salario a todos los que se confinaran voluntariamente

Todas ellas tienen en común:

A.- Cifras de contagios y muertes muy inferiores a sus vecinos: máxima eficiencia en la lucha contra la epidemia.

B.- Máxima unidad política y complicidad de toda la sociedad en la lucha contra la enfermedad. Gran confianza en los Gobiernos.

C.- La previsión y seguridad de que responderán mejor ante la recesión que viene, con menos pérdidas de empleos y empresas.

D.- La máxima autoridad es una mujer.

No es casualidad. Si solo el 5% de los países del mundo estaban liderados por mujeres en 2020, resulta que, de los 12 estados más eficientes, siete estaban dirigidos por mujeres.

Según un artículo del Washington Post, las mujeres:

- Lideraron las respuestas más rápidas y la vuelta al trabajo más temprana

- Tuvieron menos margen de error porque demostraron ser más previsoras

- Lanzaron las medidas más audaces y efectivas de protección social

\- Demostraron ser muy ejecutivas, con estilos de comunicación diferentes y gran creatividad en las soluciones.

\- Su liderazgo fue más eficaz, democrático, colaborador y compasivo

Todo ello no hace sino verificar mi tesis: el siglo XXI debería ser el siglo de la mujer. Basta con comprobar cómo funcionaron las dirigentes de Nueva Zelanda, Alemania, Noruega, Islandia, Taiwan, Dinamarca y Finlandia ante la crisis pandémica, demostrando ser unas líderes mucho más fiables que los hombres. Y no existe ningún país liderado por una dictadora.

7.1.3.- La mujer en 2023 según un Informe de 2023 del Programa de Naciones Unidas para el Desarrollo) (PNUD) (El País 12.06.23)

Se reunió información de 80 países con la cobertura del 85% de la población del planeta:

1.- Conclusiones sobre la población mundial
- El 90% siguen teniendo prejuicios de género.
- El 50% cree que los hombres son mejores líderes políticos.
- Un 40% cree que son mejores ejecutivos.
- Un 25% cree que está justificado que un hombre golpee a una mujer.

2.- En los últimos 10 años
- No ha habido avances en la erradicación de los prejuicios contra las mujeres.
- Los derechos políticos y las libertades civiles están en declive en todo el mundo.
- Ha habido una reacción violenta contra la igualdad de género y los derechos de la mujer,

3.- Los responsables de este proceso, según la experta Raquel Lagunas, directora del equipo de Género del PNUD

Son movimientos anti-género bien organizados y con muchísimos recursos. Estos grupos desarrollan estrategias orientadas a:

- Reducir los derechos sexuales y reproductivos de las mujeres.
- Debilitar las instituciones vinculadas a la igualdad.
- Debilitar la legislación que protege a las mujeres.

4.- El sondeo se focaliza en cuatro áreas en las que las mujeres y niñas sufren desventajas y discriminaciones sistemáticas:

1.- La política
2.- La educación
3.- La economía y
4.- La integridad física

5.- Porcentaje de personas con al menos "una idea preconcebida contra las mujeres" según el informe

Materia	Entre las mujeres	Entre los hombres
En la política	57,34%	65,07%
En la educación	24,93%	31,23%
En la economía	54,50%	64,74%
En el respeto a la integridad física	73,36&	76,23%

6.- Diferencias de género en la política

Las Mujeres ocupan:
- El 11% de las jefaturas de Estado.
- El 9% de las jefaturas de Gobierno (nunca más del 12%).
- El 25% de los escaños parlamentarios.
- El 22% de los cargos ministeriales y suelen ser carteras relacionadas con la familia, la infancia, la juventud, los asuntos sociales o medioambientales.

7.- Diferencias en el sector privado

Las mujeres solo ocupan el 28% de los puestos directivos.

8.- La visión sobre las mujeres líderes

Las mujeres líderes a menudo son observadas a través de una lente de género y no son juzgadas únicamente por su desempeño. Ejemplo, Sanna Marín, primera ministra finlandesa, fotografiada bailando y bebiendo en una fiesta privada se vio obligada a someterse a un test de drogas, cosa que nunca sucede entre los hombres. Hay un "discurso de odio" contra las mujeres líderes, cada vez más patente en las redes sociales.

9.- Sobre las diferencias salariales

Están más relacionadas con las normas sociales de género que con las diferencias de educación. En 57 países donde el nivel de educación de las mujeres es mayor que el de los hombres, la diferencia media de participación en el mercado laboral es del 39% en favor de ellos.

10.- Década de retrocesos

Según el informe, el porcentaje de personas sin prejuicios de género ha aumentado muy levemente en 27 de los 38 países con los mayores incrementos en Alemania, Uruguay, Nueva Zelanda, Singapur y Japón. Sin embargo, ha habido un retroceso en países como Chile, Corea del Sur, México, Corea y Kirguistán.

11.- ¿Por qué sucede esto?

Las normas sociales y de género están incorporadas al sistema de creencias del individuo, forman parte de su identidad, de la cultura y de la sociedad a la que pertenecen. Por eso, son tan difíciles de modificar porque se absorben desde la infancia a través de diferentes agentes como la familia, la escuela, la iglesia, los medios de comunicación o incluso el patio del colegio. (Hay mucho camino por recorrer)

12.- La receta para combatir este declive

Pasa por una combinación de medidas:
- 1.- Invertir en políticas públicas.
- 2.- Promover leyes de cuotas para lograr una mayor presencia femenina en los parlamentos y en las empresas.
- 3.- Trabajar contra las estrategias de desinformación.
- 4.- Invertir en la realidad social, especialmente en los movimientos feministas que han demostrado ser los principales agentes de cambio de política pública en favor de la igualdad de género.

13.- Pero las leyes no son suficientes

El 80% de los países del mundo tienen leyes contra la violencia machista y, sin embargo, las agresiones contra las mujeres continúan en aumento. Por ello, es necesario poner en el centro las nuevas masculinidades para combatir la interiorización de un sistema de valores que sigue situando a las mujeres como ciudadanos de segunda o tercera.

Conclusión:

Es una verdadera ducha de agua fría o helada lo que esta encuesta refleja. ¡Vamos a peor! Y debemos preguntarnos por qué. Según mi criterio hay una razón muy importante: el pensamiento neoliberal, machista y absolutamente conservador, de pronto se ha dado cuenta de que las mujeres existen y de que están avanzando en la reivindicación de sus derechos y, como siempre ha sabido hacer el macho, ha iniciado la "contrarrevolución conservadora" en defensa de sus intereses.

Ellos dominan las grandes empresas y ahora han decidido dominar los países democráticos y no democráticos en defensa del libre mercado. Como más adelante comprobaremos, el avance femenino lo consideran un tremendo peligro para sus intereses y se han metido a saco contra el movimiento feminista, incluso utilizando a mujeres como Meloni, Le Pen y otras.

7.1.4.-Hechos y cifras: Liderazgo y participación política de las mujeres

La participación y el liderazgo de las mujeres en la política y la vida pública en igualdad son fundamentales para alcanzar los Objetivos de Desarrollo Sostenible antes de 2030. Sin embargo, los datos muestran que la representación de las mujeres es insuficiente en todos los niveles de toma de decisiones del mundo. Por tanto, la paridad de género en la política está aún lejos de ser alcanzada.

A.- Las mujeres en cargos directivos gubernamentales

Solo 19 países están presididos por una jefa de Estado, y 17 países tienen jefas de Gobierno. Al ritmo actual, la igualdad de género en las más altas esferas de decisión no se logrará por otros 130 años.

A 1 de enero de 2024, las mujeres representan el 23,3 por ciento de los Ministerios que lideran un área política. Solo hay 15 países en los que las mujeres ocupan el 50 por ciento o más de los cargos de ministras del Gabinete que dirigen áreas políticas. Las cinco carteras más ocupadas por ministras son Mujer e igualdad de género, Familia e infancia, Inclusión social y desarrollo, Protección social y seguridad social y Asuntos indígenas y minorías .

B.- Las mujeres en los Parlamentos

Únicamente el 26,9 por ciento de los escaños parlamentarios nacionales están ocupados por mujeres, porcentaje que aumentó desde el 11 por ciento registrado en 1995. Solo siete países tienen un 50 por ciento o más de mujeres en el parlamento en cámaras bajas o parlamentos unicamerales: Rwanda (61 por ciento), Cuba (56 por ciento), Nicaragua (54 por ciento), Andorra (50 por ciento), México (50 por ciento), Nueva Zelanda (50 por ciento) y Emiratos Árabes Unidos (50 por ciento).

Otros 22 países han alcanzado o superado el 40 por ciento, entre ellos 12 en Europa, cinco en África, cuatro en América Latina y el Caribe y uno en Asia-Pacífico.

En todo el mundo, hay 21 Estados en los que las mujeres ocupan menos del 10 por ciento de los escaños en cámaras bajas o parlamentos unicamerales, incluidas dos cámaras bajas en las que no hay ninguna mujer. Con el nivel de avance actual, la paridad de género en los cuerpos legislativos nacionales no se logrará antes de 2063.

Las mujeres ocupan el 36 por ciento de los escaños parlamentarios en América Latina y el Caribe y constituyen el 33 por ciento de los parlamentos de Europa y América del Norte. En el África subsahariana hay un 27 por ciento de mujeres legisladoras, seguidas de Asia oriental y sudoriental, con un 23 por ciento; Oceanía, con un 20 por ciento; Asia central y meridional, con un 19 por ciento; y África septentrional y Asia occidental, con un 18 por ciento de parlamentarias.

C.- Las mujeres en los gobiernos locales

Los datos sobre 145 países muestran que las mujeres constituyen más de 3 millones (35,5 por ciento) de representantes en los cuerpos deliberativos locales. En solo dos países se ha alcanzado el

50 por ciento, y en otros 26 países, más del 40 por ciento de mujeres en gobiernos locales.

También se observan variaciones regionales en la representación de las mujeres en los órganos deliberativos locales, a partir de enero de 2024: Asia central y meridional, 41 por ciento; Europa y América del Norte, 37 por ciento; Oceanía, 31 por ciento; Asia oriental y sudoriental, 31 por ciento; América Latina y el Caribe, 29 por ciento; África subsahariana, 26 por ciento; África septentrional y Asia occidental, 20 por ciento.

Las mujeres demuestran liderazgo político al trabajar por encima de las divisiones partidarias en grupos parlamentarios de mujeres —incluso en los escenarios políticos más agresivos— y al defender asuntos de igualdad de género como la eliminación de la violencia de género, licencias parentales y cuidado infantil, pensiones, leyes de igualdad de género y reforma electoral.

D.- ¿Qué mujeres son presidentas o jefas de gobierno en el mundo en enero de 2025?

En el mundo existen actualmente 26 mujeres que están al mando del poder ejecutivo de un país, un panorama que podría cambiar muy pronto. Esta es la lista.

1.- Claudia Sheinbaum asumió la presidencia de México el martes 1 de octubre de 2024 convirtiéndose en la primera mujer y además la primera persona con carrera científica en ocupar este cargo.
2.- Barbados: Sandra Mason (desde noviembre de 2021)
3.- Dominica: Sylvanie Burton (desde octubre de 2023)
4.-Honduras: XiomaraCastro(desdeenerode2022)
5.- Perú: Dina Boluarte (desde diciembre de 2022)
6.- Trinidad y Tobago: Christine Kangaloo (desde marzo de 2023)
7.- Bosnia y Herzegovina: Željka Cvijanović(desde noviembre de 2022)
8.- Dinamarca: Mette Frederiksen (desde junio de 2019)

9.- Estonia: Kaja Kallas (desde enero de 2021)

10.- Grecia: Katerina Sakellaropoulou (desde marzo de 2020)

11.- Italia: Giorgia Meloni (desde octubre de 2022)

12.- Letonia: Evika Siliņa (desde septiembre de 2023)

13.- Lituania: Ingrida Šimonytė (desde diciembre de 2020)

14.- Malta: Myriam Spiteri Debono (desde abril de 2024)

15.- Macedonia del Norte: Gordana Siljanovska-Davkova (05.2024)

16.- Moldavia: Maia Sandu (desde diciembre de 2020)

17.- Eslovaquia: Zuzana Čaputová (desde junio de 2019)

18.- Eslovenia: Nataša Pirc Musar (desde diciembre de 2022)

19.- República Democrática del Congo: Judith Suminwa (04. 2024)

20.- Etiopía: Sahle-Work Zewde (desde octubre de 2018)

21.- Togo: Victoire Tomegah Dogbé (desde septiembre de 2020)

22.- Tanzania: Samia Suluhu Hassan (desde marzo de 2021)

23.- Georgia: Salome Zourabichvili (desde diciembre de 2018)

24.- India: Droupadi Murmu (desde julio de 2022)

25.- Islas Marshall: Hilda Heine (desde enero de 2024)

26.- Samoa: Fiamē Naomi Mata'afa (desde mayo de 2021)

7.2.- EL CAMINO ESTÁ POR RECORRER

7.2.1.- Liberación psicológica

José Antonio Marina nos comenta que las mujeres han hecho una revolución para liberarse, pero todavía necesitan una liberación psicológica para inventarse la forma de ser mujeres después de la caída del modelo anterior. Al no haber una forma estándar de ser mujer hay que estar inventando constantemente y esa sensación de precariedad puede desencadenar miedos. El hecho fundamental de la reinvención de la mujer como protagonista esencial e insustituible de la Historia de la Humanidad es el hecho más revolucionario de este siglo XXI.

Hay una frase maravillosa del cantautor Benito Lertxundi que me ha emocionado: **"Lo peor que le puede pasar a un hombre o una mujer es estar al servicio de una serie de valores heredados, sobre los cuales no ha reflexionado".** Es lo que ocurre con muchos credos culturales, religiosos o políticos. Si seguimos a pie juntillas lo que nos dicen desde que nacemos, estamos desarrollando una mente atrofiada, ciega, poco sensible y evolucionada, una mente que no sabrá discernir y que siempre estará predispuesta a obedecer órdenes y, lógicamente, al gregarismo y la insignificancia.

También hay otra frase estupenda de Ai Weiwei: "Si evitas las dificultades también evitas el aprendizaje, la conciencia y la alegría. Tienes que buscar tu propia realidad y eso es algo que solo tú puedes hacer: ni tus padres, ni tus profesores ni la sociedad. La libertad nunca puede ser un regalo: si alguien te la da, ya no es libertad. Hay que conquistarla a través del esfuerzo".

7.2.2.- Sobre la educación

7.2.2.1.- Lo que nos aconseja Nuccio Ordine

La formación de la mujer debe ser similar y equivalente a la del hombre, lo que le permitirá aspirar (a pesar de una durísima oposición de muchos hombres), en iguales condiciones, a cualquier puesto económico, social o político.

Ya Nuccio Ordine nos lo decía con absoluta claridad al afirmar que: **"Si nos olvidamos de que la ignorancia es un mal tan peligroso como la miseria, la humanidad no tendrá futuro"**. Ordine nos resume así su mensaje: necesitamos como el agua:

1.- La formación de buenos ciudadanos: La cultura y la educación son instrumentos esenciales para la formación de buenos ciudadanos y para construir una comunidad solidaria.

2.- Las reivindicaciones económicas y culturales.

3.- El pan del pensamiento que es también el pan de la vida. Sin el pan del espíritu será imposible educar a los jóvenes en la solidaridad y en el amor al bien común. Corremos el peligro de cultivar una humanidad cada vez menos humana y más egoísta, presa fácil del odio, el racismo, el antisemitismo, la homofobia, las injusticias y las desigualdades sociales y económicas.

4.- La tarea histórica de la Universidad debe ser la de formar a los estudiantes para que, antes de nada, sean ciudadanos cultos. La Universidad debe ser un laboratorio, como ya dijo Kant, donde mujeres y hombres puedan criticar los valores dominantes, no un lugar desde el que se difundan los valores dominantes.

5.- La educación de calidad, las humanidades y el papel de los profesores, odiando la mercantilización de la enseñanza.

6.- La educación para ser libres, no para ser empleados buenos y obedientes.

7.- Valorar que la importancia del saber se encuentra en el proceso mismo del aprendizaje. La utilidad de la educación se ha de entender en términos de pasión por la búsqueda del conocimiento y de lo mejor de cada persona, sin circunscribirse a un interés económico".

¿No es una lección fantástica para mujeres y hombres?

7.2.2.2.- Lo que nos aconseja Martha Nussbaum

Martha Nusssbaum nos habla con estas otras palabras: "Si sigue la tendencia actual, las naciones de todo el mundo en breve producirán generaciones enteras de máquinas utilitarias en lugar de ciudadanos cabales con la capacidad de pensar por sí mismos, poseer una mirada crítica sobre las tradiciones y comprender la importancia de los logros y los sufrimientos ajenos. La educación actual insta a la competitividad para crear trabajadores eficientes y eficaces a las órdenes del mercado neoliberal, que se burla de las humanidades y las reduce a la mínima expresión, que menosprecia el ámbito de las artes y que entiende la calidad de la educación como el rendimiento académico del alumnado "medido" a través de pruebas estandarizadas. Tenemos un sistema de enseñanza abocado a la aprobación de exámenes que genera una actitud pasiva en los alumnos y de rutina en los profesores".

Se está descuidando lo que ella considera más propio del ser humano: la formación para el pensamiento reflexivo, crítico, original, la empatía, la compasión y la solidaridad hacia los otros, la educación, en definitiva, para la libertad. Una educación es verdaderamente "adecuada para la libertad" solo si produce ciudadanos libres, porque se sienten dueños de sus propias mentes, dueños de su propio pensamiento y voz (esto es, que sean reflexivos y críticos), que les confiere una dignidad que está mucho más allá de la dignidad exterior de clase y rango.

Los Estados democráticos deben fomentar en los niños y jóvenes el desarrollo de aptitudes fundamentales como:

- La aptitud para reflexionar sobre las cuestiones políticas que afectan a la nación, analizarlas, examinarlas, argumentarlas y debatirlas sin deferencia alguna ante la autoridad o la tradición.

- La aptitud para reconocer a todos los otros ciudadanos con mis mismos derechos.

- La aptitud para interesarse por la vida de los otros, de entender las consecuencias que cada política implica para las oportunidades de los demás ciudadanos e incluso de los extranjeros.

- La aptitud para imaginar diversas cuestiones complejas sobre las relaciones humanas.

- La aptitud para emitir un juicio crítico sobre los dirigentes políticos, pero con una idea realista y fundada.

- La aptitud para pensar en el bien común de la nación como un todo.

- La aptitud para concebir a la nación propia como parte de un orden mundial complejo.

La educación para la ciudadanía debe ser definida como la formación integral de las personas capacitándolas para interpretar y adaptarse críticamente a la realidad y para transformarla en una línea optimizadora, ejerciendo su ciudadanía de forma activa, como personas comprometidas con la sociedad.

Nussbaum concibe la educación ideal como aquella que sostiene que nuestra principal lealtad debe ser con el común de la humanidad. Ya los estoicos lo entendían así, aclarando que ser ciudadano del mundo no exige renunciar a la identidad local.

El alumnado debe llegar a ser capaz de interpretar el mundo en el que vive, sabiendo discriminar entre las reivindicaciones válidas y las que no lo son, pudiendo escapar de continuos intentos manipuladores. Hay que crear ciudadanos inteligentes.

Nussbaum considera a la literatura como elemento esencial del currículum. El motivo es su enorme poder para representar circunstancias y poderes específicos de las personas de distintas clases y, por tanto, de mostrar cosas que podrían suceder, recurso especialmente valioso en la vida política, además de su valor para estimular la capacidad de comprender a los demás. Considera como requisito que las obras hagan pensar, planteen dilemas. El educador ha de presentar obras que favorezcan la empatía y el hacer conjeturas, para poder ser tratados con espíritu deliberante y crítico.

7.2.2.3.- La educación como base de nuestra utopía

La educación actual tampoco nos inmuniza contra el despotismo. Que la mayoría de la población vaya a la escuela no es garantía de poseer la cultura necesaria para tener un pensamiento autónomo y la desaparición de las humanidades es una de sus causas. Si seguimos educando a nuestros hijos en conceptos prehistóricos, sus mentes seguirán ancladas en las tendencias más ancestrales. Es hora de despertarnos a esta realidad.

Como nos lo recuerda Gregorio Luri, la educación es un sector en el que todo el mundo es libre de decir ocurrencias, pero su verdadera función es convertir a un hijo en ciudadano y como repite Andreu Navarro, el objetivo de la educación es crear ciudadanos autónomos y críticos y, en su lugar, estamos creando ciberproletariado, una generación sin datos, sin conocimiento, sin léxico. Estamos viendo el triunfo de una religión tecnocrática que evoluciona hacia menos contenidos y alumnos más idiotas.

Considero necesario un cambio radical de los sistemas educativos actuales. Sigo convencido de que solo así la mayoría de las personas que poblamos este planeta podremos pretender reducir las inmensas desigualdades sociales y económicas que existen en la actualidad.

Educare significa 'conducir, guiar, orientar, criar, alimentar'.
Educere significa 'hacer salir, extraer, dar a luz'.

Partamos, pues, de estos conceptos para acercarnos al inicio de una verdadera revolución del conocimiento, de la cultura, de la necesidad de una formación permanente en una sociedad, como la nuestra del siglo XXI, en constante cambio. Si somos capaces de definir nuestras carencias, si somos capaces de reconocerlas y aceptarlas, podremos empezar a recorrer el camino para aprender a superarlas. Entre estas carencias están:

- Falta de conocimiento de nuestra verdadera historia.
- Falta de conocimiento de la realidad actual y de la situación de nuestra propia democracia.
- Falta de conocimiento de las leyes de la naturaleza humana y de las tendencias y capacidades, que pueden ser manipuladas y dirigidas con facilidad por personas con poder y sin escrúpulos.
- Falta de conocimiento del pensamiento neoliberal y de sus posibilidades de crear «otro orden diferente» a nivel mundial que pueda dominar al actual, tal como lo está consiguiendo Trump en Estados Unidos.
- Interpretación equívoca sobre la educación actual no adaptada al siglo XXI y uniformizante.
- Falta de espíritu crítico, creativo e innovador, en el profesorado como elemento educativo de primera necesidad.

- Falta de adecuada respuesta a las necesidades y demandas de la empresa del siglo XXI en la escuela y universidad actuales.
- Falta de visión estratégica sobre la importancia de la educación para el progreso del país y falta de la inversión necesaria para cambiar.
- Falta de valoración del necesario protagonismo del alumno en su propia educación.
- Falta de participación de la mujer en nuestro devenir histórico, etc.

¿Por qué no educar en la utopía confuciana "Haz por los/las demás lo que quisieras que ellos/ellas hicieran por ti"?

¿Por qué no enseñar a las nuevas generaciones la verdadera historia de la humanidad siempre dominada por una ridícula minoría de personas que han sabido controlar y dirigir nuestra tendencias y capacidades innatas hacia su único beneficio y en perjuicio de la inmensa mayoría?

¿Por qué no mostrarles la realidad actual en la que la inmensa mayoría de los mal llamados "Homo Sapiens" nos seguimos dejando dominar por las tres leyes de la naturaleza y por sus tendencias innatas que han sumido a nuestro cerebro y a nuestra historia en un sin fin de calamidades?

7.2.2.4.- Sobre las dificultades para cambiar el sistema educativo

Tenemos un grave obstáculo por superar: el cambio de los actuales sistemas de enseñanza, que siguen manteniendo a la inmensa mayoría de la población en niveles culturales propios de tiempos pasados. El cambio depende de los políticos y los políticos no suelen ser generalmente unas personas a las que les guste la creatividad y el cambio, ya que cuanto más inculto y dócil sea su electorado, mejor responderá a sus promesas, que tantas veces quedan incumplidas. El sentido crítico y la libertad de pensamiento nunca han gustado a los políticos y a los maestros.

Los políticos no parecen estar preparados para hacer un pacto así, pero necesitamos políticos capaces de dialogar, ceder, llegar a soluciones de compromiso en materia educativa y en cualquier otra.

¿Y quién se lo va a enseñar a los políticos si la gran mayoría de los catedráticos y profesores universitarios odian el cambio por principio?

Demasiados catedráticos y profesores actuales no están por la labor del cambio porque «no lo necesitan» para mantener sus puestos de trabajo y para seguir cobrando lo mismo con muy poco esfuerzo, aunque demasiadas veces con enseñanzas desfasadas e inútiles que no se han renovado al ritmo de la sociedad.

Hemos de buscar el referente de algunos países como Finlandia y Estonia, que están rompiendo moldes y consiguiendo que los «funcionarios públicos dedicados a la enseñanza» sean admirados y respetados como unas personas innovadoras y creativas que han conseguido un nivel de enseñanza muy superior al de la inmensa mayoría de los países democráticos y no democráticos.

Aprendamos de ellos y procuremos imitar sus sistemas de enseñanza e incluso superarlos, aunque tengamos enfrente el pensamiento neoliberal con todo su poder y su dinero y también nuestra propia mentalidad gregaria, que tiende a evitar complicaciones y a priorizar la seguridad sobre la libertad tanto de pensamiento como de acción, porque en Finlandia y Estonia también los tienen enfrente y han conseguido innovar la enseñanza. Actuemos con humildad y aprendamos de quienes han sabido hacerlo mucho mejor que nosotros. Necesitaremos mucho coraje para crecer y convertirnos en lo que realmente queremos ser.

Todos debemos estar dispuestos a participar en este fantástico reto que tenemos en el camino de conseguir un nuevo sistema educativo mucho más adecuado para preparar:

Personas curiosas y creativas
Personas con espíritu crítico
Ciudadanos responsables y
Personas dispuestas a ejercer la política y a enfrentarse a un sistema económico capitalista neoliberal

Está claro que nada nos van a regalar, que en cada paso vamos a tener que caminar contracorriente y cuesta arriba hacia la búsqueda y consecución de modelos de convivencia más equitativos.

7.2.2.5.- ¿Cuál debería ser la función del Estado?

Mariana Mazzucato considera que los desafíos de la sociedad mundial están englobados en los diecisiete Objetivos de Desarrollo Sostenible que Naciones Unidas estableció en su Agenda 2030. Cada uno de los objetivos puede convertirse en una misión concreta y hay que lograr que las empresas y los gobiernos trabajen a la vez para resolverlo. Los diecisiete Objetivos de Desarrollo Sostenible de las Naciones Unidas para el año 2030 son:

1.- Fin de la pobreza
2.- Hambre cero
3.- Salud y bienestar
4.- Educación de calidad
5.- Igualdad de género
6.- Agua limpia y saneamiento
7.- Energía asequible y no contaminante
8.- Trabajo decente y crecimiento económico
9.- Industria, innovación e infraestructuras

10.- Reducción de las desigualdades

11.- Ciudades y comunidades sostenibles

12.- Producción y consumo responsable

13.- Acción por el clima

14.- Vida submarina

15.- Vida de ecosistemas terrestres

16.- Paz, justicia e instituciones sólidas

17.- Alianzas para lograr los objetivos

Mariana Mazzucato defiende un nuevo sector público, colaborativo con el sector privado, que sea capaz de fomentar un nuevo modelo de colaboración público-privada para conseguir que la economía sea una creación conjunta, pensando de modo proactivo cuáles son los objetivos que se persiguen, asumiendo riesgos e invirtiendo. Ella considera que necesitamos un camino, un plan, una trayectoria para lograr un crecimiento liderado por la inversión.

Mazzucato entiende que el Estado no puede ser una organización burocrática y estática, que sólo necesita «arreglar» los fallos del mercado, dejando el emprendimiento dinámico e innovador al sector privado. Lo considera un error. Si no hubiera habido inversiones públicas no tendríamos las vacunas ni las tecnologías de los dispositivos inteligentes, empezando por Internet.

La asociación público-privada debe ser simbiótica y no parasitaria en ninguno de los dos sentidos. A medida que las corporaciones privadas requieran más ayuda estatal, debemos garantizar que ese apoyo esté motivado por el interés público y no por el privado.

El ejemplo más excelso de la eficacia de la asociación Estado – Mundo empresarial es China, aunque dicha colaboración haya sido generada por un sistema totalitario y centralizador, pero sus efectos en los últimos 40 años son realmente asombrosos y dignos de tener muy en cuenta como ejemplarizantes. El entendimiento público – privado es imprescindible también en el mundo occidental capitalista si queremos responder al inmenso reto que la experiencia china nos ha marcado para este siglo XXI, si no queremos vernos totalmente dominados antes del año 2050 por ella.

La ideología de maximización de valor para el accionista (Milton Friedman) ya ha perjudicado a la sociedad de manera excesiva. Se trata de poner a la persona y a la vida en el centro de la economía y no a la economía en el centro de la vida.

¿No es Mariana Mazzucato un exponente fabuloso de la revolución social y económica que nos va a aportar la mujer en este siglo XXI? ¿Y no lo es también China, que ha pasado de ser un Estado miserable a un Estado realmente próspero en menos de 40 años?

No podemos sino estar plenamente de acuerdo con Mariana Mazzucato, aunque el camino por andar sea largo y costoso. Prioricemos la educación de nuestros jóvenes con esta mentalidad.

Pero nosotros vivimos en países democráticos en los que no se pueden imponer criterios de funcionamiento a las empresas y en los que realmente ha habido una gran involución en la relación Empresas – Estado. En este aspecto nos encontramos con una gran desventaja con respecto a los países totalitarios y, en especial, con respecto a China y a su mentalidad administrativa confuciana que, en la teoría y en la práctica, está cambiando el mundo.

En los países democráticos son las grandes empresas las que fijan las normas de funcionamiento, dominan el sistema educacional, exigen la aplicación de sus normas de juego a los Estados, privatizan todo lo que para ellas pueda generar beneficios y dominan, con todo ello, hasta los propios sistemas políticos y a sus ejecutores. Vemos una involución de sistemas democráticos hacia actitudes que cada vez se acercan más a posiciones de extrema derecha e incluso fascistoides.

7.3.- MIRANDO AL FUTURO PARA TRANSFORMARLO

7.3.1.- Pensar y soñar

Russell Ackoff, en su ensayo "Rediseñando el futuro", nos anima a pensar y soñar aceptando que el futuro no hay que preverlo, sino crearlo. El objetivo de la planificación debería ser diseñar un futuro deseable e inventar el camino para conseguirlo.

Recuerdo aquí el mensaje de Nelson Mandela, un hombre que permaneció más de veintiséis años encarcelado por sus ideas: «Soy dueño de mi destino, soy capitán de mi alma». Y sobre el camino que él había recorrido, hablaba de «la dificultad del viaje de todos los seres humanos" y, sin embargo, afirmaba que "hay claridad y nobleza en el hecho mismo de ser viajero».

Yo ya soy mayor, pero también fui joven. Y os digo: «Vosotros, los jóvenes, tenéis un futuro por crear, un largo camino por recorrer, muchos partidos muy duros por jugar».

Martha Nussbaum considera que el ingrediente más importante para la salud de la democracia es la educación de la ciudadanía, una formación con fuerte contenido humanístico. Considera que el sistema educativo tiene la obligación de crear ciudadanos inteligentes y que deberíamos incluir ya desde la escuela primaria y hasta la propia Universidad conceptos relacionados con el mundo real que les va a tocar vivir a nuestros descendientes con el único fin de capacitarlos con el espíritu crítico necesario para enfrentarse al pensamiento neoliberal con energía y responsabilidad.

Kiyosaki y Lechter, en su libro Padre rico, padre pobre, nos dicen: "El control del propio destino dependerá de nuestra formación y de aprender cuáles son los pasos para salir de la mediocridad. Unos pocos luchan, reciben bien los empujones de la vida y siguen luchando. Es fundamental superar el miedo. Debería ser obligación de la escuela convertir a los alumnos en personas con espíritu crítico y creatividad, que cuestionen las reglas que sigue la mayoría: hay que ponerlas en solfa y transgredirlas siempre que haga falta, venciendo el miedo. Permanece en el mismo lugar".

7.3.2.- Pero sin la mujer nada será posible

Nosotros, los hombres, ya hemos demostrado durante los últimos 12.000 años nuestra ceguera y nuestra estupidez, por creernos superiores y por dejarnos dominar por cuatro psicópatas que han jugado con nosotros como ganado listo para el matadero.

Necesitamos más que nunca a la mujer para poner en marcha la revolución cultural. Estamos en el siglo de la mujer. Ellas saben mucho mejor que nosotros lo que significa:

La familia
La convivencia
El entendimiento
El sacrificio
El amor
La astucia
La solidaridad y el apoyo mutuo, etc.

Porque siempre lo han hecho. Y aquí es donde la mujer es imprescindible. Su astucia y su visión han de ayudarnos a los torpes hombres a superar nuestras cobardías.

El 27 de setiembre de 2021 el editorial del periódico El País escribió una semblanza de Ángela Merkel que considero muy válida para explicar el nuevo protagonismo que la mujer debe asumir en el siglo XXI.

1.- Su mejor baza: haber desplegado casi siempre políticas sensatas mediante la continua búsqueda del centro político y lejos de los extremos.

2.- Un férreo cordón sanitario contra el populismo de ultraderecha, que acabó capotando bajo su firme defensa de los principios democráticos.

3.- Rápida reacción frente a la explosión nuclear de Fukushima, desdiciéndose de la apuesta nuclear.

4.- En la negociación del Brexit supo evitar el propósito de Londres de alcanzar un acuerdo separado y/o disgregador al socaire de la mayor afectación objetiva de la industria y las exportaciones alemanas.

5.- Respaldó una política sanitaria europea frente a la pandemia, sobre todo en la vacunación.

6.- Supo encarnar las mejores virtudes europeas al acoger a los refugiados en 2015, pese al coste político que le supuso.

7.- Puso en marcha la estrategia de recuperación económica mediante el plan Next Generation y el endeudamiento común, etc.

También tuvo fallos como cuando no supo captar, como sucedió con la inmensa mayoría de los políticos occidentales, los efectos tras la depresión financiera de 2008 de unas erróneas políticas de austeridad que agravaron la situación y provocaron una terrible crisis social y/o cuando creyó que Vladimir Putin era un dirigente político respetable.

Pero es evidente que el mundo ya la echa de menos y que sirve de ejemplo para todas las mujeres. Por detrás suyo han surgido otras mujeres como Kristalina Georgieva, quien ha sido capaz de dar un giro muy positivo al Fondo Monetario Internacional y responder de forma excelente y rápida a las necesidades generadas por la pandemia y como Úrsula von der Leyen, actual presidenta de la Comisión Europea y otras que están revolucionando las relaciones internacionales.

Pero, ¡Cuidado!

También han aparecido mujeres como Marine Le Pen, Giorgia Meloni o Alice Weidel, la lideresa de "Alternativa para Alemania"

(AfD), que se posicionan contra la inmigración, el asilo a los refugiados y la solidaridad con quienes más lo necesitan y no apoyan las medidas de protección de la naturaleza ni la descarbonización, además de apoyar el neoliberalismo más feroz y hacer buenas migas con los políticos más déspotas del mundo.

¿Se han dejado contaminar por la extrema derecha mundial, por las tendencias más agresivas de poder y ambición que parecían solo nacer en los hombres?

Espero que solo sean la excepción que confirma la regla. Confío en que la inmensa mayoría de las mujeres sepa entender que no es ese el camino para reconstruir el edificio de la humanidad que tan maltratado ha sido por los hombres.

El camino se hace al andar y necesitamos que la mujer ande más y más rápido.

ANEXO: LAS TRES LEYES DE LA NATURALEZA HUMANA

1.-PRIMERA LEY: LA LEY DE LA SUPERVIVENCIA

Desde que surgieron los primeros seres vivos en la tierra, hace quizás 4.000 millones de años, formados en un 95% por cuatro bioelementos (carbono, hidrógeno, oxígeno y nitrógeno), tuvieron que enfrentarse a una naturaleza absolutamente hostil y tuvieron que adaptarse a ella en primer lugar y a la convivencia con otros seres vivos a medida que evolucionaban y se transformaban en seres más complejos, en segundo lugar.

Este permanente cambio y adaptación, por efectos de la Primera Ley de la Naturaleza viva, la Ley de la Supervivencia, provocó la eliminación de infinidad de especies animales y vegetales incapaces de asimilar los propios cambios de la naturaleza y/o de responder adecuadamente a los enemigos naturales que iban surgiendo por la propia evolución. Esta Primera Ley de la Supervivencia separó a los seres vivos en grandes grupos diferenciados y fundamentalmente en dos: los animales y los vegetales, aunque incluso actualmente haya seres vivos que no se puedan definir claramente en uno u otro grupo, pero son la excepción que confirma la regla. La adaptación al medio y los cambios genéticos fueron los factores de supervivencia.

Entre los animales, como entre los vegetales, a lo largo de la historia de la tierra muchos millones de especies desaparecieron por falta de adaptación al medio ambiente y/o porque no fueron capaces de aguantar la competencia de otros seres vivos y, en especial, del mayor depredador entre todos ellos, el Homo Sapiens.

Entre los homínidos no fue diferente. Solo una especie de homínidos, el Homo Sapiens, es decir, nosotros, ha sobrevivido y yo creo que muy posiblemente seamos "bastante" responsables de la desaparición de todas las demás especies. Los Homo Sapiens somos seres vivos y, por tanto, respondemos a las necesidades de supervivencia de todos los seres vivos.

Tanto en la naturaleza humana, como en la naturaleza animal y/o vegetal, es decir, para todo ser vivo, la primera ley es la de la supervivencia sea como sea, caiga quien caiga, destrúyase lo que haya que destruirse. Cuando las circunstancias son extremas, todo ser vivo tiende a luchar contra todo y contra todos en aras de su propia conservación. En la vida el éxito no es para quien llega el primero, sino para aquellos que consiguen llegar a la última vuelta, al último giro y sobreviven y no siempre sobreviven los mejores. Éste es nuestro mundo.

Parece claro, por tanto, que hay una PRIMERA LEY DE LA NATURALEZA HUMANA que es la LEY DE LA SUPERVIVENCIA. Pero para sobrevivir todas las especies vegetales y animales hemos tenido que pagar un altísimo precio y aquellas especies que no lo entendieron, hace tiempo que desaparecieron. Ese precio es el EGOÍSMO innato a todas las especies. Y entiendo por egoísmo la priorización necesaria del "YO" sobre cualquier otro concepto en todos los momentos de nuestra vida. Y no han sobrevivido ni las especies más fuertes ni siquiera las más inteligentes (salvo quizás en el excepcional caso del HOMO SAPIENS), sino simplemente las que mejor se han adaptado.

La Ley de la Supervivencia amplia el concepto "YO" al concepto "MI FAMILIA" como vía imprescindible para seguir existiendo como especie. Para cualquier especie vegetal o animal todo lo demás es prescindible y todo quiere decir todo, salvo lógicamente la descendencia y el alimento. Y cualquier animal o vegetal luchará toda su vida teniendo en cuenta esta única prioridad: la supervivencia de su familia, es decir la procreación para asegurar descendientes. Y si para conseguirlo necesita aniquilar a otras especies, no tendrá nunca la mínima duda para llevarlo a cabo.

Y nosotros, como Homo Sapiens, estamos sujetos a esta Primera Ley de la Naturaleza Humana, pero con una peculiaridad: somos la única especie que está plenamente abierta a aniquilar a otros componentes de la misma especie, incluso sin ninguna necesidad de hacerlo, solamente por conseguir más poder, por ambición o, por ejemplo, por odio o crueldad. Pero esto no es consecuencia de esta primera ley de la naturaleza sino de la tercera, como después explicaremos.

1.1.- Primera y principal consecuencia: el egoísmo

Egoísmo: se llama así a la actitud del que todo lo hace siempre para su propio beneficio. La ley de la supervivencia exige, para su cumplimiento, la aplicación de un concepto intrínseco a la propia ley: el egoísmo natural de toda persona humana. Cada uno de nosotros somos egoístas y pensamos primero en nosotros mismos, en nuestros propios intereses y trabajamos y luchamos toda nuestra vida por nosotros y solo por nosotros. Pero también puede resultar que nuestros intereses coincidan con las de otras personas, afines o no afines, y entonces lo normal es que se cree un vínculo que defienda los intereses comunes, al menos, mientras tales intereses sean coincidentes. Somos seres sociales.

En todo caso, siempre (y siempre quiere decir siempre) cada uno de nosotros defenderá en primer lugar sus propios intereses, luchará por sí mismo y por los suyos, porque es connatural a su propia existencia, porque el egoísmo es intrínseco al ser humano al ser el componente esencial de la Primera Ley.

¿Podemos actuar contra nuestro propio egoísmo? ¿Tenemos capacidades en nuestro ser para imponernos al egoísmo o, al menos, aminorar nuestra tendencia innata al mismo?

El egoísmo se inicia en uno mismo, y se expande hacia la familia por la ley de la supervivencia que exige crear el futuro. Cuando la familia está en peligro, el ser humano acude a la tribu. Y a cambio de su protección pierde libertad y admite sumisión. Y las tribus crean pueblos que se unen contra otras tribus o pueblos, tanto en defensa, para asegurar la supervivencia, como en ataque, para ser más fuertes y dominar a tribus o pueblos más débiles o pequeños. Y los pueblos sólo se acercan a otros pueblos por las mismas razones egoístas de dominio y/o codicia.

¿El egoísmo puede desaparecer?

Desaparecería la humanidad.

1.2.- Segunda consecuencia: el egoísmo social

Y los países, como reflejo de los hombres que los habitan, también están sujetos a las mismas leyes de la naturaleza humana. La Ley de la Supervivencia se conjuga de la siguiente forma:

- Primero: Yo
- Segundo: Mi familia
- Tercero: Mi tribu (o clan)
- Cuarto: Mi pueblo
- Quinto: mi nación-estado

Para conjugar el "Yo", nadie más hace falta.

Para conjugar el "Mi familia" se necesita al menos otra persona de distinto género y capacidad de procreación.

La conjugación "Mi tribu" supone apoyo mutuo y convivencia para conseguir objetivos de ataque y/o defensa. El ser humano, como animal socializado, se apoya en otros seres humanos.

La conjugación "Mi estado-nación" se diseñó a partir de líderes capaces de crear controles sobre grupos sociales cada vez más grandes a cambio, en general, de la promesa de seguridad y protección.

La suma de egoísmos nunca se convierte en altruismo. En la historia del HOMO SAPIENS podemos comprobar que la tolerancia con el "otro" nunca ha sido una característica propia, salvo que ello acarreara beneficios o evitara perjuicios. Solamente cuando los intereses (los llamamos así para no llamarlos por su propio nombre, es decir, egoísmos) de dos o más países convergen, siempre por razones económicas o de poder, es posible colaborar para conseguir la supervivencia de todos.

Creo, de todas formas, que algo muy importante está cambiando por la mutua dependencia generada entre los países, por un lado, por la economía y la cultura globales y, por otro, por el exceso de armas nucleares capaces de arruinar la vida del HOMO SAPIENS en el mundo y por la aparición reciente de LA INTELIGENCIA ARTIFICIAL como conjunto de conocimientos y capacidades tecnológicas que pueden condicionar el futuro de la humanidad en función de su uso.

¿Es o no verdad? Solo reconociendo esta Ley de la Supervivencia y su egoísmo consecuente, podremos buscar caminos para conseguir redirigir el egoísmo personal hacia un egoísmo social amplio, que traspase las naciones y los estados, que integre a todos los HOMO SAPIENS.

Y hablamos del concepto "SOMOS UNO".NUESTRA UTOPÍA.

2.- SEGUNDA LEY: LA LEY DE LA FUERZA

Y aquí aparece la SEGUNDA LEY DE LA NATURALEZA VIVA, LA LEY DE LA FUERZA: para sobrevivir, tanto los vegetales, pero especialmente los animales utilizan su fuerza, su envergadura, su capacidad de lucha y su adaptación. La fuerza se relaciona casi siempre con el tamaño, pero también con la habilidad o astucia de los seres vivos para adaptarse al propio terreno en el que están, para aprender a luchar en grupo a los efectos de conseguir resultados que en solitario jamás podrían obtener y para crear medios singulares de defensa y ataque.

Hay animales y plantas que sustituyen el concepto bruto de fuerza por otros medios como el engaño, la capacidad de cazar en grupo o el veneno que son capaces de generar sus organismos y que les ha servido para poder sobrevivir. A todos estos medios los podemos identificar como fuerza dentro de esta segunda ley de la naturaleza. Podemos deducir de todo ello que la Ley de la Supervivencia y la Ley de la Fuerza no son leyes humanas, propias del Homo Sapiens, sino leyes que deben ser adoptadas por todo ser, animal o vegetal, que quiera mantener viva su especie en la tierra.

La Ley de la Fuerza, ha sido aplicada por el Homo Sapiens, ya sea de forma individual o colectiva, desde los primeros tiempos de su existencia tanto para sobrevivir en los primeros tiempos, como después y siempre para responder a su ambición de poder y codicia, verdaderos motores de la Historia de la Humanidad. Si en la primera ley natural, la de la supervivencia, la adaptación al entorno es primordial, conforme a esta segunda ley lo primordial es la utilización de la fuerza con el fin de superar cualquier competencia que suponga, o pueda suponer en el futuro, un riesgo tanto para su supervivencia como para alcanzar cualesquiera otros objetivos.

El HOMO SAPIENS, a medida que crecía su inteligencia, supo hacer uso de esta segunda Ley con más eficacia y la ha venido aplicando fehacientemente, tanto para cazar animales como para guerrear con otros HOMO SAPIENS. El ser humano, imitando a otros animales, aprendió a usar la fuerza y a cazar en grupo y pronto comprendió que el más fuerte podía dominar al más débil cuando su utilización era controlada y/o dirigida por la astucia.

La historia de la humanidad es un vivo reflejo de esta ley:
- El más fuerte domina a todos los demás
- El hombre domina a la mujer
- El más fuerte hace las leyes para su propio provecho
- El débil acepta las normas de juego porque no tiene otro remedio.

Hoy día, en el siglo XXI, las normas de juego no han cambiado en el fondo, ya que sigue siendo el más fuerte quien las impone, aunque sí en las formas, ya que la fuerza se manifiesta con mucha mayor complejidad por ser la propia sociedad cada vez más compleja. El ser humano siempre ha tenido especial habilidad en utilizar tanto la propia fuerza como la fuerza de los demás para conseguir poder.

3.- TERCERA LEY: LA LEY DE LA INSATISFACCIÓN PERMANENTE

El Homo Sapiens evolucionó hacia una especie absolutamente diferente a todas las demás especies vivas de la naturaleza terrestre. Y esta diferenciación permitió que, en esta especie animal y solamente en ella, surgiera una Tercera Rey de la Naturaleza, La Ley de la Insatisfacción Permanente, fruto del aumento de su capacidad cerebral con respecto a todas las demás especies animales, no aptas para desarrollarla.

Los vegetales y los animales irracionales carecen de inteligencia y no son capaces de pensar y de desarrollar conceptos simbólicos, ni de considerar que un día han de morir. Solamente el Homo Sapiens es inteligente y capaz de ello. Solamente el Homo Sapiens puede ser plenamente consciente de su propia naturaleza, de sus tendencias innatas, de sus capacidades, de sus limitaciones como ser vivo y, sobre todo, de que un día morirá inevitablemente.

Pero también es consciente de que la vida se puede vivir de muchas formas y de las grandes satisfacciones que pueden aportar el dinero y el poder. Esta inteligencia superior es la que ha hecho posible que un ser que bajó de los árboles hace quizá 6 millones de años, se haya convertido en la especie dominante entre todas las especies vivas de la tierra, ambición siempre presente en la mente del ser humano.

Así como las dos primeras leyes de la naturaleza humana son leyes compartidas con los animales irracionales e incluso con los vegetales, esta tercera ley es la única privativa del Homo Sapiens. Es la Ley que nos distingue como seres humanos y la que ha propiciado tanto lo mejor como lo peor de nuestra historia común hasta hoy día. Tanto los animales como los vegetales que viven en la actualidad en la tierra son seres vivos que se han adaptado a todos los cambios habidos en nuestro planeta desde que surgió la vida, pero estos seres vivos nunca han luchado con otros seres vivos de su misma especie salvo por el alimento y/o la supervivencia.

Si las condiciones climáticas variaban en su entorno por el paso de miles y millones de años, sea por glaciaciones, caída de meteoritos o cualquier otra causa natural, y el alimento escaseaba, solamente cabían dos opciones: Primera: Algunos elementos de la especie se adaptaban a los cambios y sobrevivían o Segunda: Desaparecía la especie.

Sin embargo, en el excepcional caso del HOMO SAPIENS, al crecer su capacidad cognitiva, apareció una mutación fundamental que le ayudó con el tiempo a convertirse en la especie dominante de todas las demás e incluso casi a dominar la naturaleza: la inteligencia: capacidad cognitiva por excelencia del ser humano. Y el Homo Sapiens, a medida que su cerebro crecía y empezaba a buscar respuestas a la pregunta esencial de ¿Qué hago en este mundo?, ¿Qué sentido tiene la vida?, fue desarrollando en sus propios genes una serie de instintos innatos de supervivencia y de superación personal que terminaron convirtiéndose en tendencias y capacidades innatas latentes al servicio de la Primera Ley de la Naturaleza: La Ley de la Supervivencia.

Y cuando las necesidades básicas de alimento, procreación y cobijo se cubrieron, el Homo Sapiens inició su proceso de creación de nuevas necesidades como respuesta a la tercera Ley, la de la Insatisfacción Permanente. El egoísmo, la fuerza y la insatisfacción permanente han hecho posible la evolución de la humanidad.

3.1.- Tendencias y capacidades del ser humano

Y esta evolución constante del cerebro humano ha generado respuestas que se han vuelto tendencias innatas. Estas tendencias se han dirigido o creado siempre al servicio de la primera Ley de la Naturaleza, pero modificada por la tercera Ley de la Naturaleza Humana, la Ley de la Insatisfacción Permanente y las podemos clasificar, sin ánimo exhaustivo:

Tendencias sociales del Homo Sapiens
1.- Tendencia a la socialización
2.- Tendencia a ceder libertad a cambio de seguridad
3.- Tendencia al gregarismo
4.- Tendencia a decidir más con el corazón que con la razón

Tendencias no sociales del ser humano
1.- Tendencia a la indignación y la insatisfacción
2.- Tendencia a la deslealtad y la traición
3.- Tendencia al engaño y a la mentira
4.- Tendencia a la maldad, la malicia y el daño gratuito
5.- Tendencia al resentimiento, al rencor y a la rabia
6.- Tendencia a la desconfianza
7.- Tendencia al miedo y a la cobardía
8.- Tendencia a la agresividad y la violencia
9.- Tendencia al odio y la venganza
10.- Tendencia a la envidia
11.- Tendencia al orgullo, la soberbia y la vanidad
12.- Tendencia a la corrupción
13.- Tendencia a la sospecha y a la calumnia
14.- Tendencia a la avaricia y la codicia
15.- Tendencia a la ambición y al poder, Etc.

Pero junto a estas tendencias innatas latentes surgieron en el HOMO SAPIENS lo que yo denomino capacidades, que igualmente clasifico, sin ánimo exhaustivo:

Capacidades sociales del Homo Sapiens
1.- Capacidad o tendencia a la comparación
2.- Capacidad de superación personal
3.- Capacidad de adaptación al cambio permanente

4.- Capacidad para tener espíritu crítico
5.- Capacidad para asumir responsabilidades y dirigir equipos
6.- Capacidad para comprender, dirigir y manipular los sentimientos y emociones populares
7.- Capacidad para la astucia

Capacidades humanas para controlar las tendencias
1.- Capacidad de agradecimiento y reciprocidad
2.- Capacidad para la lealtad
3.- Capacidad para el respeto y la dignidad
4.- Capacidad para la honradez
5.- Capacidad para la hospitalidad
6.- Capacidad para luchar contra el engaño y la mentira
7.- Capacidad para ayudar a los demás
8.- Capacidad para superar el resentimiento, el rencor, el odio y la venganza
9.- Capacidad para la amistad y la empatía
10.- Capacidad para superar la corrupción
11.- Capacidad para superar el gregarismo
12.- Capacidad para superar el miedo y el temor
13.- Capacidad para superar la agresividad y la violencia
14.- Capacidad para superar la envidia
15.- Capacidad para superar el orgullo, la soberbia y la vanidad, etc.

Y todas estas tendencias y capacidades innatas latentes convirtieron al Homo Sapiens en un ser vivo totalmente diferente a todos los demás seres vivos de la naturaleza porque la Ley de la Insatisfacción Permanente, desde antes de ser consciente de ello, se enquistó en su forma de ser y de entender la vida y el mundo, hasta tal punto que se convirtió en la tercera Ley de la Naturaleza Humana. Y esta tercera ley es la que ha hecho posible que el Homo Sapiens se haya convertido en el aparente dominador actual de la naturaleza. Pero también es la causante de cuantos enfrentamientos se han dado en la Historia de la Humanidad entre los seres humanos, siempre movidos por las dos primeras leyes (Supervivencia y fuerza) y siempre dispuestos a actuar contra los demás seres humanos empujados por los dos motores de la historia fruto de la tercera ley: el poder y la codicia.

La insatisfacción permanente es innata al Homo Sapiens y todos debemos ser conscientes de que compartimos este tremendo trauma de la insatisfacción y que debemos aprender a vivir y convivir con el mismo. Con la socialización el Homo Sapiens ha convertido en necesidades otras aspiraciones que antes podían haberse considerado prescindibles. Podemos afirmar que el Homo Sapiens tiene la habilidad de convertir en necesidades lo que antes eran verdaderos lujos. Y ello mismo provoca que una vez convertidas en necesidades lo que antes eran aspiraciones o "lujo", automáticamente, gracias a esta tercera ley, el Homo Sapiens se invente otras aspiraciones nuevas y la bola sigue creciendo, al igual que la insatisfacción.

3.2.- Consecuencias de la Tercera Ley

3.2.1.- Consecuencias negativas

1.- Postergación de la felicidad: anhelando, deseando, preocupándose de ese futuro y pensando siempre en lo que se puede conseguir y a lo que se aspira.

2.- Necesidad de poseer objetos: el ego se identifica y se nutre con objetos tangibles e intangibles. Este ineficaz intento de reconocernos en las cosas también nos lleva a acumular incesante e insensatamente.

3.- Necesidad de poseer personas: es la forma más clara de "apego" que podemos confundir con amor. El apego proviene de la necesidad y podemos definirlo como la necesidad de utilizar al otro como parche para intentar cubrir una carencia personal. Cuando hay apego tenemos el foco de atención puesto en nosotros mismos, en cambio cuando hay amor el foco de atención está puesto en otra persona.

4.- Dependencia de las tendencias innatas latentes, que no necesitan formación o aprendizaje para que se manifiesten; basta que surja la oportunidad para que se pongan en marcha.

5.- Ansia permanente de más poder y riqueza, que conduce a su uso y abuso, siempre en perjuicio de la inmensa mayoría de la humanidad. La historia del ser humano es su fiel reflejo.

3.2.2.- Consecuencias positivas

La ambición nos impulsa a fijarnos metas que nos ilusionan y retos que, a priori, son imposibles de alcanzar y es un poderoso motor que desafía la lógica y la razón. Quienes se atreven a darle rienda suelta, son capaces de cambiar su realidad y sus circunstancias. Es un poderoso agente de transformación. La ambición puede alimentar nuestro espíritu de superación, el inconformismo y la capacidad de soñar a lo grande, despertando nuestro afán competitivo. Además, la consecuencia más positiva de la Ley de la Insatisfacción Permanente es la capacidad para aprender y enseñar.

La segunda consecuencia positiva fundamental de la Ley de la Insatisfacción Permanente es la capacidad del ser humano de controlar las tendencias innatas latentes con sus propias capacidades innatas latentes. La permanente insatisfacción del ser humano ha provocado a lo largo de la historia de la humanidad muchos efectos negativos (guerras y destrucción) pero también efectos positivos (avances de todo tipo y progreso sin fin hasta el día de hoy) que debemos estar dispuestos a aprovechar, aunque ello nos suponga enormes esfuerzos.

El Homo Sapiens, por su propia insatisfacción y con la educación e incentivo convenientes, puede desarrollar (y siempre ha habido personas que lo han conseguido) unas capacidades que son las que le han permitido avanzar y crear sociedades cada vez mejores, como también lo demuestra nuestra propia Historia.

Editorial: BoD · Books on Demand,
Calle de Manzanares, 4, 28005 Madrid, bod@bod.com.es
Impresión: Libri Plureos GmbH, Friedensallee 273,
22763 Hamburg (Alemania)
ISBN: 978-84-1092-088-0